高等职业教育教材

有机化学实验

王玉兰　主编　　　李继萍　主审

化学工业出版社

·北京·

内容简介

本书根据《国家职业教育改革实施方案》的要求，结合职业技能大赛内容进行编写。本书共分为六个项目：有机化学实验室安全知识，有机化学实验基本知识，有机化学实验基本操作，有机化合物的制备实验，天然有机化合物的提取实验，有机化合物的性质实验，包含了有机化学实验人员应该具备的基本知识和基本技能，从简单操作到复杂操作，从单项技能到综合技能，由浅入深，循序渐进。

本书可作为高等职业院校化工类、煤化工类、环境保护类、材料、制药、食品等相关专业的教材，也可供相关工作技术人员培训和学习参考。

图书在版编目（CIP）数据

有机化学实验 / 王玉兰主编. -- 北京 ：化学工业
出版社，2025.6. --（高等职业教育教材）. -- ISBN
978-7-122-47885-6

Ⅰ. O62-33
中国国家版本馆 CIP 数据核字第 202515D2J8 号

责任编辑：熊明燕　刘心怡　　　　　　　　　　文字编辑：崔婷婷
责任校对：杜杏然　　　　　　　　　　　　　　装帧设计：关　飞

出版发行：化学工业出版社（北京市东城区青年湖南街 13 号　邮政编码 100011）
印　　装：河北延风印务有限公司
787mm×1092mm　1/16　印张 10¾　字数 259 千字　2025 年 8 月北京第 1 版第 1 次印刷

购书咨询：010-64518888　　　　　　　　　　售后服务：010-64518899
网　　址：http://www.cip.com.cn
凡购买本书，如有缺损质量问题，本社销售中心负责调换。

定　　价：32.00 元

前 言

"有机化学实验"课程是培养学生扎实的实验技能、良好的科学素质，以及培养学生思维能力和创新精神的一门课程，是"有机化学"理论课的延续和提高。本书在编写过程中，坚持产教融合的教育理念，根据高职高专"有机化学实验"课程教学特点，以能力培养为主线，以培养学生实践能力和综合素质为目标。

本书包括六个项目，按由浅入深、由易到难，从一般知识、基本操作到综合性技术和技能的顺序进行编排。项目一、有机化学实验室安全知识，强调了有机化学实验室的安全问题，培养学生的安全意识，使学生遵守实验室安全条例，在实验前做好防护措施，掌握事故发生时的应急处理方法等；项目二、有机化学实验基本知识，是为了让学生理解和掌握有机化学实验常用的仪器、设备、装置及技术手段的相关知识；项目三、有机化学实验基本操作，是为了培养学生基本的实验操作技能；项目四、有机化合物的制备实验，是训练学生的基本合成能力，通过实验手段，培养学生独立思考、独立工作的能力与创新精神；项目五、天然有机化合物的提取实验，通过对典型天然有机化合物的提取，训练学生综合应用各种有机化合物分离、提纯手段的能力；项目六、有机化合物的性质实验，是为了配合有机化学理论课程教学，内容上注重与"有机化学"理论课程的联系与结合，注重基础知识的巩固。附录部分，包括化学试剂的安全使用知识以及实验常用数据表格等。最后是参考文献。

通过有机化学实验的学习与实践，可培养学生的实验操作及安全方面的基本能力，加强学生与生产实践的联系，培养学生的团队协作精神和职业素质，提高教学质量与人才培养质量。

本书由王玉兰主编，项目一、项目二、附录部分由王玉兰编写，项目三、项目四由王玉兰、王晓莉、李占军编写，项目五、项目六由王玉兰、许占祥、徐红颖编写。全书由王玉兰统稿，李继萍主审。

由于编者的时间仓促、水平有限，书中难免有不足之处，恳请广大读者批评指正。

编者
2024 年 10 月

目 录

项目一　有机化学实验室安全知识 / 001

知识一　有机化学实验室的规则	002	知识四　有机化学实验室的事故处理	006
知识二　有机化学实验室的安全须知	003	知识五　有机化学实验室的急救用具	008
知识三　有机化学实验室的事故预防	003		

项目二　有机化学实验基本知识 / 009

知识一　有机化学实验的意义和目的	010	知识四　有机化学反应的实施方法	026
知识二　化学实验绿色化的意义与途径	010	知识五　实验预习、实验记录和实验	
知识三　有机化学实验室常用的仪器和装置	012	报告	031

项目三　有机化学实验基本操作 / 033

任务一　简单玻璃工操作	033	任务八　减压蒸馏乙二醇	051
任务二　普通过滤操作	038	任务九　分馏乙醇和水的混合物	055
任务三　减压过滤操作	040	任务十　测定萘的熔点——微量法	058
任务四　重结晶乙酰苯胺	042	任务十一　测定无水乙醇的沸点——微量法	061
任务五　升华樟脑	044	任务十二　测定乙醇、丙酮的折射率	064
任务六　萃取碘溶液中的碘	046	任务十三　测定葡萄糖的旋光度	067
任务七　常压蒸馏乙醇和水的混合物	048	任务十四　测定萘的紫外-可见光谱值	069

项目四　有机化合物的制备实验 / 072

任务一　制备溴乙烷	072	任务七　制备乙酰水杨酸	088
任务二　制备正溴丁烷	075	任务八　制备肉桂酸	090
任务三　制备乙酸乙酯	078	任务九　制备己二酸	093
任务四　制备乙酸正丁酯	081	任务十　制备环己酮	096
任务五　制备乙酸异戊酯	083	任务十一　制备苯乙酮	099
任务六　制备肥皂	086	任务十二　制备乙醚	102

任务十三　制备正丁醚　　105　　任务十六　制备洗衣粉　　113
任务十四　制备乙酰苯胺　　107　　任务十七　制备雪花膏　　116
任务十五　制备甲基橙　　110

项目五　天然有机化合物的提取实验 / 118

任务一　提取八角茴香中的茴香油　　118　　任务五　提取鲜姜中的姜油　　127
任务二　提取花椒籽中的花椒油　　121　　任务六　提取茶叶中的咖啡因　　129
任务三　提取橙皮中的柠檬油　　123　　任务七　提取黄连中的黄连素　　132
任务四　提取花生中的花生油　　125

项目六　有机化合物的性质实验 / 134

任务一　认识烃的性质　　134　　任务五　认识胺的性质　　148
任务二　认识醇、酚的性质　　136　　任务六　认识碳水化合物的性质　　151
任务三　认识醛、酮的性质　　141　　任务七　认识氨基酸及蛋白质的性质　　153
任务四　认识羧酸及其衍生物的性质　　145

附录 / 157

附录Ⅰ　常用部分元素的原子量　　157　　附录Ⅳ　常用有机溶剂的处理　　158
附录Ⅱ　常用有机溶剂的沸点、相对密度　　157　　附录Ⅴ　危险化学试剂的使用知识　　162
附录Ⅲ　常用有机溶剂在水中的溶解度　　158

参考文献 / 166

二维码资源目录

序号	资源名称	资源类型	页码
1	实验报告	word	032
2	普通过滤	二维动画	038
3	减压过滤	二维动画	040
4	升华	视频	045
5	萃取	二维动画	047
6	常压蒸馏	视频	050
7	分馏	视频	056
8	熔点的测定	视频	059
9	沸点的测定	视频	062
10	肥皂的制备	视频	087
11	橙皮提取柠檬油	视频	124
12	从茶叶中提取咖啡因	视频	130
13	乙醇的氧化反应	二维动画	139
14	乙醇的催化氧化反应	二维动画	139
15	乙醇的消去反应	二维动画	139
16	醛酮性质：与托伦试剂反应	二维动画	143
17	醛酮性质：与菲林试剂反应	二维动画	143
18	醛酮性质：与希夫试剂反应	二维动画	143
19	乙酸的酸性	二维动画	146
20	乙酸的酯化反应	二维动画	146

项目一
有机化学实验室安全知识

【项目介绍】

　　有机化学实验中经常会使用一些易燃、易爆、有毒或有腐蚀性的化学试剂及易碎的玻璃仪器、瓷质的器皿等，若操作不当，极易引起火灾、爆炸、中毒、烧伤或割伤等事故。为保障实验教学和科研能够安全、高效地进行，实验人员除了严格按照规程操作外，还必须对药品的危害、仪器的性能以及一般事故的预防与处理等安全知识有所了解。本项目介绍了有机化学实验室的各项规章制度、实验室的安全操作须知，以及有机化学实验室各种事故的预防和处理措施等。实验时，要严格遵守操作规程，确保实验的安全性和准确性。要提高警惕，加强安全防范意识，避免实验过程中可能出现的问题和事故。

【知识导图】

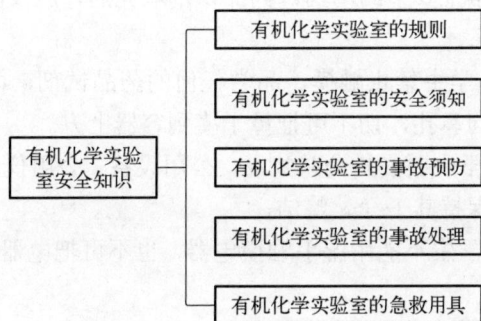

有机化学实验室安全知识
- 有机化学实验室的规则
- 有机化学实验室的安全须知
- 有机化学实验室的事故预防
- 有机化学实验室的事故处理
- 有机化学实验室的急救用具

【学习要求】

1. 了解有机化学实验室的各项规章制度。
2. 掌握有机化学实验室的事故预防及处理方法。
3. 认识并学会使用有机化学实验室的急救用具。

知识一 有机化学实验室的规则

为了保证有机化学实验课正常、有效、安全地进行，培养扎实的实验技能和良好的科学素质，必须遵守有机化学实验室的系列规则。

（1）学生要遵守实验室的各项规章制度，听从老师的指导。

（2）在实验课之前，学生需认真预习实验内容及相关的参考资料。了解实验的操作目的、意义，实验中的关键步骤及重难点，并写好实验预习报告，没有达到预习要求者，不得进行实验。

（3）在实验课之前，学生要充分了解所用药品试剂的理化性质和应注意的安全问题。

（4）进入实验室，学生应先熟悉实验室及其周围的环境，熟悉安全出口的位置，熟悉灭火器材、急救药品、砂桶等急救物品的放置地点和使用方法。

（5）进入实验室，学生需要按规定要求穿工作服，不能穿拖鞋、背心、短裤、裙子等过于暴露的鞋子、服装，女生应该将长发扎起。

（6）进入实验室，学生不得大声喧哗、打闹，禁止将食物带进实验室，实验室内不准吸烟。

（7）在实验过程中，学生应遵从老师的指导，严格按照老师要求的实验步骤、试剂规格和试剂用量进行实验。学生若有新的见解或建议，需要改变实验步骤、试剂规格和试剂用量时，必须经指导老师同意。

（8）在实验过程中，学生所安装的实验装置要规范、美观。

（9）在实验过程中，学生要节约用药，药品试剂取完后，应及时将盖子盖好，防止药品的相互污染。

（10）在实验过程中，学生禁止触摸、品尝任何的药品试剂，闻气体时应"招气入鼻"，用手轻拂气体，把气体扇向鼻孔，切不可把鼻子凑到容器上方。

（11）在实验过程中，学生要爱护公共物品，公用设备、公用仪器应在指定地点使用，用完后应及时放回原处，并保持其干净、整洁。

（12）在实验过程中，学生不能用湿手触摸电器，也不可把电器弄湿，若不小心弄湿，应等干燥后再用。

（13）实验过程中所产生的固体废弃物和液体废弃物应倒入指定回收地点。

（14）在实验过程中，学生不得擅自离开实验岗位，要认真操作，仔细观察实验现象，如实做好实验记录（不准用散页纸记录，以免散失），积极思考。

（15）在实验过程中，如有仪器损坏，要及时办理登记手续。

（16）实验结束，学生应将个人实验台面打扫干净，清洗仪器，将仪器进行归位。做到仪器、桌面、地面和水槽"四净"。

（17）实验结束，学生应轮流值日，值日生应负责整理公用仪器、药品试剂和器材，打扫实验室卫生，离开实验室前关闭水、电、窗。

知识二　有机化学实验室的安全须知

有机化学实验经常使用大量的有机试剂和有机溶剂，而这些有机物大多数是易燃、易爆、有腐蚀性或有毒性的物质。所用的仪器大部分是玻璃制品。所以，在有机化学实验室工作，若粗心大意，就容易发生安全事故，如割伤、烧伤、中毒乃至火灾、爆炸等。因此，必须认识到化学实验室是有潜在危险的场所。但只要重视安全问题，提高警惕，实验时严格遵守操作规程，加强安全措施，事故是可以避免的。下面介绍有机化学实验室的安全须知。

（1）实验开始前，必须认真预习实验内容，充分了解实验中所用药品试剂的危害性，了解药品试剂的正确使用方法及应急处理方法等。

（2）实验开始前，应检查仪器是否完整无损，装置是否正确，有无漏气等，经指导教师检查同意之后，才可进行实验。

（3）实验进行时，不得擅自离开实验台，应时刻关注实验的进展情况。

（4）估计可能发生危险的实验，在实验操作时应根据实际情况采取必要的安全措施（如使用防护眼镜、面罩、手套等防护用品）。

（5）实验中所用药品试剂不得用手触摸。不得随意散失、遗弃。使用易燃、易爆药品时，应远离火源。实验结束后要仔细洗手。

（6）充分熟悉实验室安全用具，如洗眼器、灭火器、灭火毯、砂桶以及急救药箱的放置地点和使用方法，并爱护它们。实验室安全用具及急救药品不准移作他用。

知识三　有机化学实验室的事故预防

一、预防火灾

有机化学实验室使用的有机试剂和有机溶剂，大多数是易燃的，着火是有机化学实验室常见的事故之一，预防火灾的措施主要有以下内容。

（1）在操作易燃的溶剂时要特别注意：

① 应远离火源。

② 切勿将易燃液体放在敞口容器（如烧杯）中，明火加热。

③ 加热时，切勿使容器密闭。

④ 当附近有露置的易燃溶剂时，切勿点火。

（2）在进行易燃物质实验时，应养成先将酒精（乙醇）等易燃物质移开的习惯。

（3）蒸馏易燃的有机物时，装置不能漏气，如发现漏气，应立即停止加热，检查原因，待液体冷却后再处理。接收瓶不宜用敞口容器（广口瓶、烧杯等），而应用窄口容器（三角烧瓶等）。从蒸馏装置接收瓶排出来的尾气应远离火源，最好用橡胶管引入下水道或室外。

（4）回流或蒸馏低沸点易燃液体时应注意：

① 瓶内液体量不应该超过瓶容积的 2/3。

② 严禁直接加热；加热前，应放数粒沸石、碎瓷片或一端封口的毛细管，以防止暴沸。若在加热后才发现未放这类物质时，绝不能急躁，不能立即揭开瓶塞补放，而应停止加热，待被蒸馏的液体冷却后才能加入。否则，会因暴沸而发生事故。

③ 实验时，加热速度不能太快，宜缓慢均匀加热。

（5）用油浴加热蒸馏或回流时，必须十分注意，避免由于冷凝用水溅入热油浴中，致使油外溅到热源上而引起火灾的危险。通常发生危险的原因，主要是橡胶管套进冷凝管上不紧密，开动水阀过快，水流过猛把橡胶管冲开，或者由于套不紧而漏水。所以，要求橡胶管套入冷凝管侧管时要紧密，开动水阀时动作也要缓慢，使水流慢慢通入冷凝管内。

（6）当处理大量的可燃性液体时，应在通风橱中或在指定地方进行，室内应无火源。

（7）不得把燃着的或者带有火星的火柴梗、纸条等乱抛乱掷，更不能丢入废液、废固垃圾桶内。

二、预防爆炸

在有机化学实验里预防爆炸的措施主要有：

（1）蒸馏装置的选择必须正确，不能造成密闭体系，应使装置与大气相连通；减压蒸馏时，应选用圆底烧瓶作为接收瓶或反应瓶。而不能用平底烧瓶、锥形瓶、薄壁试管等不耐压容器作为接收瓶或反应瓶，否则，易发生爆炸。无论是常压蒸馏还是减压蒸馏，均不能将液体蒸干，以免局部过热或产生过氧化物而发生爆炸。

（2）切勿使易燃易爆的气体接近火源，如醚类或汽油等物质的蒸气与空气相混时极为危险，可能会由一个热的表面或者一个火花、电火花而引起爆炸。

（3）有些有机化合物，如醚类或共轭烯烃类，久置后会生成易爆炸的过氧化合物，须经特殊处理后才能使用。同时，使用乙醚时也应在通风较好的地方或在通风橱内进行操作。

（4）有些有机化合物遇氧化剂时会发生猛烈爆炸或燃烧，操作时应特别小心。存放药品时，应将氯酸钾、过氧化物、浓硝酸等强氧化剂和有机药品分开存放。

（5）对于易爆炸的固体，如重金属乙炔化物、苦味酸金属盐、三硝基甲苯等，都不能重压或撞击，以免引起爆炸。对于这些危险的残渣，必须小心销毁，如重金属乙炔化物可用浓盐酸或浓硝酸使它分解，重氮化合物可加水煮沸使它分解等。

（6）卤代烷切勿与金属钠接触，因为反应剧烈而易发生爆炸。钠屑必须放在指定的地方储存。

（7）有些实验可能生成有危险性的化合物，操作时需特别小心。有些类型的化合物，如叠氮化物、干燥的重氮盐、硝酸酯、多硝基化合物等都具有爆炸性，使用时须严格遵守操作规程。

三、预防中毒

大多数化学药品都具有一定的毒性，主要是通过呼吸道吸入和皮肤接触引起人体中毒。因此预防中毒应做到：

（1）称量药品时应使用工具，不得直接用手接触，更不能品尝任何药品。做完实验后，应立即洗手。

（2）剧毒药品应妥善保管，不许乱放。实验中所用的剧毒物质应由专人负责收发，并向使用剧毒物质的操作者提出必须遵守的操作规程。实验后的有毒残渣必须作妥善而有效的处理，不准乱丢。

（3）有些剧毒物质会渗入皮肤，因此，接触这些物质时必须戴橡胶手套，操作后应立即洗手，切勿让有毒物质沾及五官或伤口，如氰化钠沾及伤口后就会随血液循环至全身，严重的会造成中毒伤亡事故。

（4）在反应过程中可能生成有毒或有腐蚀性气体的实验，应在通风橱内进行。实验开始后，不能将头部伸入通风橱内。实验结束后，应及时清洗使用的器皿。

四、预防触电

使用电器时，应防止人体与电器导电部分直接接触，不能用湿手或用手握湿的物体接触电插头。为了防止触电，装置和设备的金属外壳等都应连接地线，实验结束后应切断电源，再将连接电源的插头拔下。

五、预防灼伤

皮肤接触高温、低温或腐蚀性物质后均可能被灼伤。为避免灼伤，在接触这些物质时，最好戴橡胶手套和防护眼镜。

六、预防割伤

有机化学实验主要使用玻璃仪器。使用时，最基本的原则是：不能对玻璃仪器的任何部位施加过度的压力，需要轻拿轻放。需要用玻璃管和塞子连接装置时，用力处不要离塞子太远，尤其是插入温度计时，要特别小心。新割断的玻璃管断口处特别锋利，使用时，要将断口处用火烧至熔化，使其呈圆滑状。

发生割伤后，应将伤口处的玻璃碎片取出，再用生理盐水将伤口洗净，涂上红药水，用纱布包好伤口。若割破静（动）脉血管，流血不止时，应先止血。具体方法是：在伤口上方5～10cm 处用绷带扎紧或用双手掐住，然后再进行处理或送往医院。

为处理割伤事故需要，实验室应备有急救箱，内置有以下一些物品：

（1）镊子、剪刀、纱布、药棉、绷带、橡皮膏等；

（2）凡士林、创可贴、烫伤膏、玉树油、硼酸软膏等；

（3）1%～2%的乙酸或硼酸溶液、1%的碳酸氢钠溶液、2%的硫代硫酸钠溶液、甘油、止血粉、医用酒精、红药水、龙胆紫等。

知识四　有机化学实验室的事故处理

一、处理火灾

有机化学实验室一旦发生火灾，应保持沉着镇静，不能惊慌失措，实验室内全体人员应积极而有秩序地参与灭火，以减少事故损失。一方面要防止火势蔓延，应立即熄灭附近其他火源（关闭煤气），切断电源，并移开附近的易燃物质；另一方面要立即灭火，有机化学实验室灭火，常采用使燃着的物质隔绝空气的办法，通常不能用水，因为有机物的相对密度往往比水的相对密度小，泼水后，火不但不会熄灭，有机物反而漂浮在水面上燃烧，会引起更大的火灾。在着火初期，不能用口吹，必须使用灭火器、砂、毛毡等。若火势较小，可用湿布或石棉布盖灭；如火势较大，需要根据易燃物的性质设法扑灭。

如果小器皿内着火（如烧杯或烧瓶内），可盖上石棉板或瓷片等，使之隔绝空气而灭火，绝不能用口吹。

如果油类和有机溶剂着火，要用砂或灭火器灭火，也可撒上干燥的固体碳酸氢钠粉末。绝对不能用水浇，因为这样反而会使火焰蔓延开来。

如果电器着火，应首先切断电源，然后再用二氧化碳灭火器灭火。因为二氧化碳不导电，不会使人触电，而且灭火后不留痕迹。绝不能用水和泡沫灭火器灭火，因为水能导电，会使人触电甚至死亡；而泡沫灭火器虽具有较好的灭火性能，但喷出大量碳酸氢钠和氢氧化铝，会给后处理带来困难。

如果金属钠、钾着火，要用细砂或石棉布扑灭。

如果衣服着火，切勿奔跑，应立即在地上打滚，邻近人员可用毛毡之类的东西盖在其身上，使之隔绝空气而灭火。烧伤严重者应立即送医疗单位就诊。

总之，当着火时，应根据起火的原因和火场周围的情况，采取不同的方法灭火。无论使用哪一种灭火器材，都应从火的四周开始向中心扑灭，把灭火器的喷出口对准火焰的根部。在抢救过程中切勿犹豫。

二、处理废物

有机化学实验往往会产生各种固体、液体废物，为保护环境，遵守国家的环保法规，减少对环境的危害，可采用如下处理方法。

（1）回收溶剂。在对实验没有影响的情况下，回收的溶剂可以重复利用。

（2）为了方便废弃物处理，回收时需要分类收集。所有实验废物应按固体、液体，有害、无害等分类收集于不同的容器中，对一些难处理的有害废物可送环保部门进行专门处理。

（3）有机溶剂必须倒入带有标签的废物回收容器中，并存放在通风处。

（4）对能与水发生剧烈反应的化学品，处置之前要用适当的方法在通风橱内进行分解。

（5）含重金属的废液，需先将其有机物进行分解，然后作为无机类废液进行处理。

（6）少量的酸、碱在倒入下水道之前必须进行中和，并用水稀释。

（7）可溶于水的物质，容易成为水溶液流失，因此回收时要注意。

（8）对无害的固体废物，如：滤纸、硅胶、碎玻璃、软木塞、氧化铝、氯化钙、硫酸镁等，可以直接倒入普通的废物箱中，不应与其他有害固体废物相混；有害固体废物应放入带有标签的广口瓶中。

（9）对可能致癌的物质，处理起来应格外小心，避免与皮肤接触。

三、处理玻璃割伤

玻璃割伤是有机化学实验室常见的事故之一。受伤后要仔细观察伤口处有没有玻璃碎粒，如有，应先把伤口处的玻璃碎粒或固体物取出。若伤势不重，用蒸馏水清洗后涂上红药水，再用纱布包扎；若伤口严重、流血不止时，可在伤口上部约 10cm 处用纱布扎紧，减慢流血速度，压迫止血，并急送医疗单位就诊。

四、处理烫伤

轻伤涂以玉树油或鞣酸油膏，重伤涂以烫伤油膏后送医疗单位就诊。

五、处理试剂灼伤

酸：立即用大量水冲洗，然后用 1%碳酸氢钠溶液清洗，最后用水冲洗，拭干后涂上医用凡士林或烫伤油膏。

碱：立即用大量水冲洗，再以 2%醋酸液清洗，最后用水冲洗，拭干后涂上医用凡士林或烫伤油膏。

溴：立即用大量水冲洗，再用酒精擦至无溴液存在为止，然后涂上医用凡士林或烫伤油膏。

钠：可见的小块用镊子移去，然后立即用大量水冲洗，再以 2%醋酸液清洗，最后用水冲洗，拭干后涂上医用凡士林或烫伤油膏。

六、处理眼伤

酸：用大量水冲洗，再用 1%碳酸氢钠溶液冲洗，最后再用水冲洗。急救后送医疗单位就诊。

碱：用大量水冲洗，再用 1%硼酸溶液冲洗，最后再用水冲洗。急救后送医疗单位就诊。

溴：用大量水冲洗，再用 1%碳酸氢钠溶液冲洗，最后再用水冲洗。急救后送医疗单位就诊。

玻璃：用镊子移去碎玻璃，或在盆中用水清洗，切勿用手揉动。急救后送医疗单位就诊。

七、处理中毒

毒物溅入口中，且还未咽下时，应立即吐出来，用大量水冲洗口腔；如已吞下时，应根据毒物的性质服解毒剂，并立即送医疗单位急救。

（1）吸入气体中毒，应将中毒者移至室外，解开衣领及纽扣。如吸入大量氯气或溴气者，可用碳酸氢钠溶液漱口。

（2）腐蚀性毒物中毒，对于强酸，应先饮大量的水，再服氢氧化铝膏、鸡蛋白等；对于强碱，也应先饮大量的水，然后服用醋、酸果汁、鸡蛋白等。不论酸或碱中毒都需灌入牛奶，不要服用呕吐剂。

（3）刺激性及神经性中毒，可先服牛奶或鸡蛋白使之缓和，再催吐（催吐时可以采取将手指伸入喉部的方法），漱口。

知识五　有机化学实验室的急救用具

有机化学实验室的急救用具有消防器材、急救药箱、洗眼器、喷淋器等，下面主要介绍消防器材和急救药箱。

一、消防器材

常用灭火器有二氧化碳灭火器、四氯化碳灭火器、干粉灭火器及泡沫灭火器等。除此之外，消防器材还有砂、石棉布、灭火毯和淋浴用的水龙头等。

目前有机化学实验室中常用的是干粉灭火器。使用时，拔出销钉，将出口对准着火点，将上手柄压下，干粉即可喷出。

二氧化碳灭火器也是有机化学实验室常用的灭火器。灭火器内存放着压缩的二氧化碳气体，适用于扑灭油脂、电器及较贵重的仪器火灾。

虽然四氯化碳灭火器和泡沫灭火器都具有较好的灭火性能，但四氯化碳在高温下能生成剧毒的光气，而且与金属钠接触会发生爆炸。泡沫灭火器会喷出大量的泡沫而造成严重污染，给后处理带来麻烦。因此，这两种灭火器一般不用。不管采用哪一种灭火器，都是从火的周围开始向中心扑灭。

地面或桌面着火时，还可用砂子扑救，但容器内着火不宜使用砂子扑救。身上着火时，应就近在地上打滚（速度不要太快）将火焰扑灭。千万不要在实验室内乱跑，以免造成更大的火灾。

二、急救药箱

急救药箱里应备有碘酒、双氧水、红药水、止血粉、1%硼酸溶液、2%醋酸溶液、1%碳酸氢钠溶液、玉树油、烫伤油膏、医用凡士林、医用酒精、消毒棉花、创可贴、纱布、胶布、绷带、剪刀、镊子等。

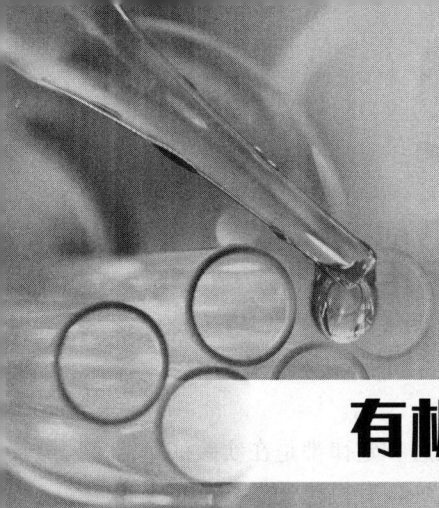

项目二
有机化学实验基本知识

【项目介绍】

　　本项目介绍了有机化学实验的基本知识，包括进行有机化学实验的意义、目的，化学实验绿色化的意义与途径，进行有机化学实验时经常会用到的仪器、设备及其使用方法和保养方法（包括仪器的洗涤、干燥等），还介绍了有机化学实验过程中经常会用到的加热、冷却、干燥等实验方法和规范书写实验报告的方法。

【知识导图】

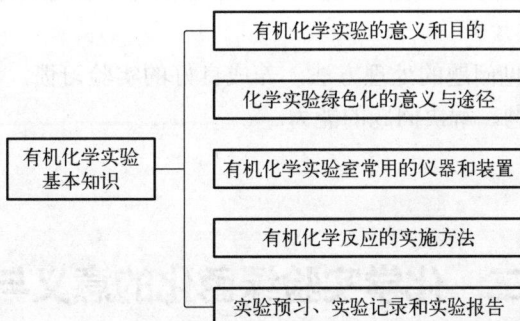

有机化学实验基本知识
- 有机化学实验的意义和目的
- 化学实验绿色化的意义与途径
- 有机化学实验室常用的仪器和装置
- 有机化学反应的实施方法
- 实验预习、实验记录和实验报告

【学习要求】

　　1. 了解有机化学实验绿色化的意义、目的。

　　2. 认识并学会使用、保养有机化学实验的常用仪器、设备、装置。

　　3. 掌握有机化学实验过程中的加热、冷却、干燥等实验方法。

　　4. 学会书写实验报告，包括实验目的、实验原理、实验步骤、实验数据的记录、实验现象的处理和实验结果的表达等。

知识一　有机化学实验的意义和目的

有机化学是一门以实验为基础的学科，有机化学的理论、原理和定律都是在实践的基础上产生，又依靠理论与实践的结合而发展的。随着世界经济的发展，有机化学学科也正在迅猛地向前发展。许多化工新产品的开发与应用、工业"三废"的处理、生产技术攻关、环境保护、生命与健康领域的学科研究等都依赖于有机化学实验知识的应用。所以，有机化学实验基本知识是化学及其相关专业学生必备的知识素质之一，是培养高素质的化学、化工类技能型人才，提高其职业岗位技能的重要组成部分。职业院校有机化学实验教学的主要目的有以下几种。

（1）熟悉有机化学实验的一般知识，掌握有机化学实验的基本操作技能，培养学生的实际动手操作能力。

（2）验证常见有机化合物的性质，掌握重要有机化合物的鉴别方法，丰富学生的感性认知，巩固、加深和扩充有机化学的基本理论知识。

（3）学会常用的有机化学实验装置的安装与操作，掌握最基本的有机化合物的制备、分离与提纯方法，培养学生正确观察实验现象，准确地记录、处理实验数据，科学地表达实验结论，规范地完成实验报告的能力。

（4）掌握天然有机物的提取技术，培养学生的创新思维和综合运用有机化学基本实验操作的能力。

（5）掌握实验室常见问题的处理方法，养成良好的实验习惯。培养学生理论联系实际、实事求是和独立分析问题、解决问题的能力。

知识二　化学实验绿色化的意义与途径

在全球掀起绿色化学革命的今天，环保理念已日益深入人心，化学实验的绿色化也成为化学工作者需要认真研究的课题之一。

一、化学实验绿色化的意义

20世纪化学工业的飞速发展在保证和提高人类生活质量方面起到了不可替代的作用。但与此同时，随着化学品的大量生产和广泛应用，也对生态环境带来了一些负面影响。环境问题引起了越来越多人的关注。1990年，美国国会通过了《污染预防法案》，明确提出了污染预防这一概念，要求杜绝污染源。指出最好的防止有毒化学物质危害的办法是从开始就不生产有毒物质，不形成废弃物。这个法案推动了化学界为预防污染、保护环境做进一步的努力。人们给这一新事物赋予了十分贴切的名称：绿色化学。

随着人类跨入 21 世纪，"绿色化学"已成为化学学科研究的热点和前沿，被视为新世纪化学发展的方向之一。绿色化学已提升到"是对人类健康和生存环境有益的正义事业"的高度。

绿色化学就是环境友好化学。它主张从源头消除污染，不再使用有毒、有害物质，不再产生废物，不再处理废物。在化学实验中，虽然每次实验排放污染物的量不是很大，但因所用药品种类繁多，试剂变化较大，排放的废弃物成分复杂，累积的污染也就不容忽视。提倡绿色化学实验，尽量做无毒害的实验，无害化处理实验的废弃物，实现"零排放"，已是化学实验教学中不可忽略的内容之一。如果在化学实验过程中，处处体现绿色化学理念，尽量防止或减少化学实验造成的环境污染及对人体的危害，就能使化学实验逐步实现绿色化。

二、化学实验绿色化的途径

1. 提升环保意识，培养绿色化学观念

提升环境保护意识，客观地认识到化学工业带给人类社会的财富和伤害，激发我们创新工业化学的热情，从而使绿色化学观念扎根于思想中。一是，通过学习认识绿色化学，形成环保意识，从而在化学应用中注重无毒、无害等方面的探索。例如，通过了解"温室效应"、酸雨的形成及危害，将化学学习与日常生活紧密联系，从而更深入地了解化学对人类生活和环境的影响，培养环境保护意识。二是，结合生活意识到环境保护的重要性。例如，结合常见的皮肤病问题，如过敏性皮炎、晒斑等探讨环境污染对人体健康的危害性，分析药物、护肤品等与化学的联系，认识到化学物质的两面性，从而形成客观的、正确的化学观念。总之，在化学学习中培养环保意识、生态意识，潜移默化地构建绿色化学观念，可正确认识化学的绿色利用和价值，从而形成对化学科学应用的科学价值观，促进绿色化学的发展。

2. 在化学实验中体现"原子经济"思想

原子经济是指反应原料分子中的原子百分之百地转变成产物，而没有副产物或废物生成，实现废物的"零排放"。在可能的情况下，化学实验的制备反应应尽量选择"原子经济反应"。

3. 采用无毒无害的实验原料及溶剂

教学实验的主要目的是训练学生的实验操作技能，因此应尽可能选用无毒无害的实验原料，避免污染的产生。例如在训练学生"水蒸气蒸馏"的操作技能时，将传统的实验原料乙酰苯胺改为白苏叶或八角、茴香，既避免了乙酰苯胺的毒性危害，又增强了实验内容的实用意义。

在物质的制备、萃取及重结晶提纯等实验中，常需使用大量的挥发性有机溶剂。这些有机溶剂在使用过程中，会造成水源污染和环境污染。因此采用无毒无害的、价格低廉的、效果绝佳的溶剂代替挥发性有机溶剂已成为绿色化学的重要研究方向。

4. 采用无毒无害的催化剂

许多液体酸催化剂，如氢氟酸、硫酸等，不仅容易腐蚀实验设备，还产生"三废"，污染环境，并对人体造成危害。近年来开发的固体酸催化剂在物质的合成中收到了十分理想的效果。化学实验中应尽量选择这类催化剂。例如在"乙烯的制备"实验中，用硫酸铝代替浓硫

酸催化反应，取得了令人满意的结果。

5. 倡导微型化、少量化实验

微型化学实验是 20 世纪 80 年代流行的一种实验方法，其优点是药品用量小，微量排放，减少污染。在保证实验现象明显、实验结果正确的前提下，对不可避免会形成污染的实验应尽可能使其微型化、少量化，本着"能小不大，能少不多"的原则设计实验原料及其他试剂用量，使污染程度降到最低。

6. 药物回收利用，废弃物集中处理

化学实验中，有许多溶剂回收后可重复使用，有些实验产品可作为另一实验的原料。及时回收、充分利用这些溶剂和产品，不仅可防止其对环境产生污染，还可降低消耗、节约成本。例如"从茶叶中提取咖啡因""从橙皮中提取柠檬油"实验中所用的溶剂乙醇，经蒸馏回收后可循环使用。

对于化学实验中不可避免产生的污染性废弃物，可统一收集起来进行集中处理，使其转化为非污染物。例如废酸和废碱液经中和至中性后排放；含重金属废液通过适当的化学反应转化为难溶物后填埋；某些有机废弃物（如苯、甲苯等）可焚烧，使其转变为无害气体等。

总之，在全球倡导绿色化学的今天，我们应当把化学实验绿色化的理念贯穿于实验学习的全过程，为减少污染、保护环境做出应有的贡献。

知识三 有机化学实验室常用的仪器和装置

有机化学实验比较复杂，实验过程中除了会用到各种规格型号的玻璃仪器外，还会用到一些加热、过滤的设备，还有检测含量、纯度的大型仪器等。

一、有机化学实验室常用的玻璃仪器

有机化学实验室所用仪器大部分是玻璃制品。玻璃仪器一般是由软质和硬质玻璃制作而成的，软质玻璃的耐腐蚀性较差，但是价格便宜，一般用它制作的仪器不耐温，如普通漏斗、量筒、抽滤瓶、干燥器等。硬质玻璃具有较好的耐温性和耐腐蚀性，制成的仪器可在温度变化较大的情况下使用，如烧瓶、烧杯、冷凝管等。

（一）使用玻璃仪器的注意事项

（1）使用时，应轻拿轻放。

（2）不能用明火直接加热玻璃仪器（试管除外），加热时应垫上石棉网。

（3）不能用高温加热不耐热的玻璃仪器，如抽滤瓶、普通漏斗、量筒等。

（4）玻璃仪器使用完后应及时清洗，特别是标准磨口仪器放置时间太久时，容易黏结在一起，很难拆开。如果发生此情况，可用热水煮黏结处或用电吹风机吹磨口处，使其膨胀而分离，还可用木槌轻轻敲打黏结处。

（5）带旋塞或具塞的玻璃仪器清洗后，应在塞子和磨口的接触处夹放纸片或涂抹凡士林，以防黏结。

（6）玻璃仪器标准磨口处要干净，不得沾有固体物质。清洗时，应避免用去污粉擦洗玻璃仪器磨口处。否则，会使仪器磨口连接不紧密，甚至会损坏仪器磨口。

（7）安装仪器时，应做到横平竖直，磨口连接处，不应受歪斜的外力，以免仪器破裂。

（8）一般使用玻璃仪器时，磨口处无须涂抹润滑剂，以免粘有反应物或产物。但是反应中使用强碱时，则要涂抹润滑剂，以免磨口连接处因强碱腐蚀而黏结在一起，无法拆开。减压蒸馏时，应在磨口连接处涂抹润滑剂，以保证装置密封性更好。

（9）使用温度计时，应注意不要用冷水冲洗热的温度计，以免炸裂，尤其是水银球部位，应冷却至室温后再冲洗。不能用温度计搅拌液体或固体物质，以免损坏后因为有汞或其他有机液体而不好处理。

玻璃仪器一般分为普通磨口和标准磨口两类。实验室常用标准磨口玻璃仪器有磨口的锥形瓶、圆底烧瓶、平底烧瓶、三口烧瓶、蒸馏头、冷凝管、接引管等；常用的普通玻璃仪器有非磨口的锥形瓶、烧杯、布氏漏斗、抽滤瓶、普通漏斗等。

（二）常见的标准磨口玻璃仪器

目前，有机化学实验中广泛使用标准磨口玻璃仪器。这种玻璃仪器可以和相同编号的标准磨口相互连接，组装成各种配套仪器。使用标准磨口玻璃仪器不仅可省去配塞子和钻孔的时间，避免反应物或产物被塞子沾污，而且装配容易，拆卸方便，密合性好，适用于有毒物或挥发性液体的实验，并可用于蒸馏、减压蒸馏等操作，使工作效率大大提高。

标准磨口玻璃仪器口径的大小，常用数字编号表示，通常标准磨口有 10、12、14、16、19、24、29、34、40 等多种型号，这些数字表示磨口最大端的直径的尺寸（单位：mm）。有的标准磨口玻璃仪器也常用两个数字表示磨口的大小，例如 10/30，10 表示磨口最大端的直径为 10mm，30 表示磨口的高度为 30mm。编号不同的仪器可借助不同编号的磨口接头（变径）使之连接，通常用两个数字表示变径的大小，如接头 14×19，表示该接头的一端为 14 号磨口，另一端为 19 号磨口。半微量仪器一般为 10 号和 14 号，常量仪器磨口为 19 号以上。

常见的标准磨口玻璃仪器如图 2-3-1 所示。

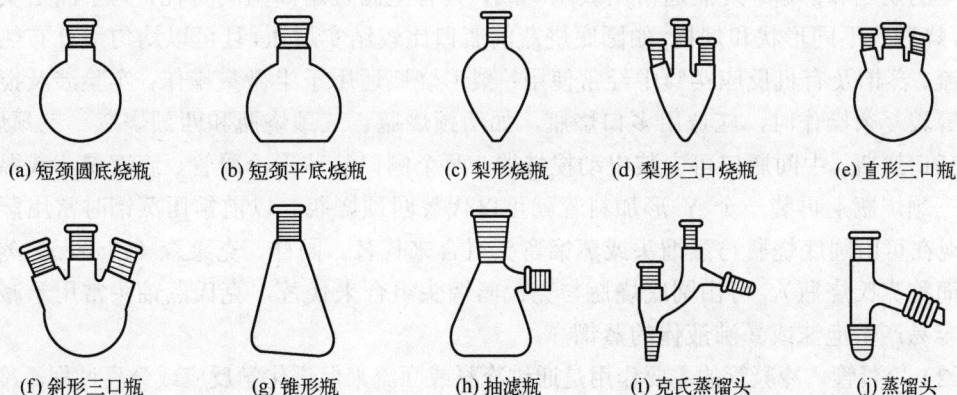

(a) 短颈圆底烧瓶　　(b) 短颈平底烧瓶　　(c) 梨形烧瓶　　(d) 梨形三口烧瓶　　(e) 直形三口瓶

(f) 斜形三口瓶　　(g) 锥形瓶　　(h) 抽滤瓶　　(i) 克氏蒸馏头　　(j) 蒸馏头

图 2-3-1

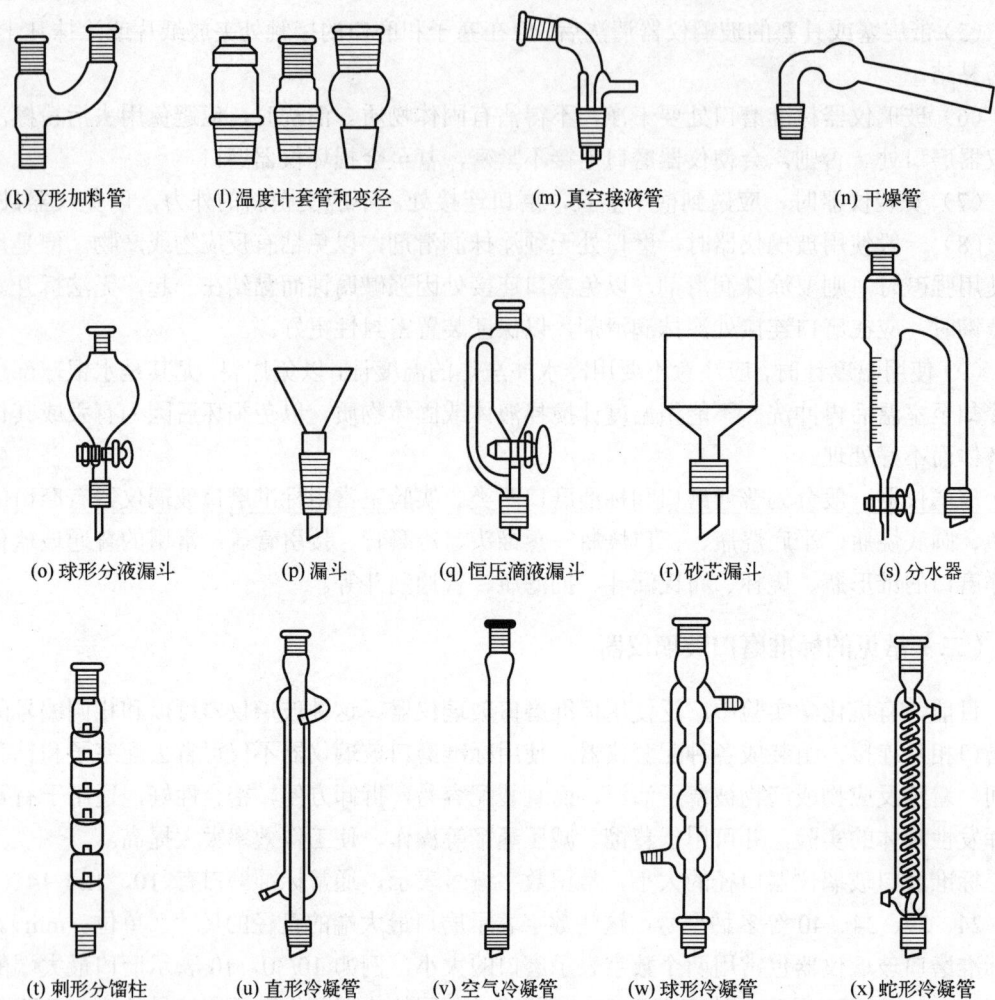

| (k) Y形加料管 | (l) 温度计套管和变径 | (m) 真空接液管 | (n) 干燥管 |

| (o) 球形分液漏斗 | (p) 漏斗 | (q) 恒压滴液漏斗 | (r) 砂芯漏斗 | (s) 分水器 |

| (t) 刺形分馏柱 | (u) 直形冷凝管 | (v) 空气冷凝管 | (w) 球形冷凝管 | (x) 蛇形冷凝管 |

图 2-3-1　常见的标准磨口玻璃仪器

（1）烧瓶［图 2-3-1（a）～（f）］　　烧瓶是一种常见的实验器材，主要用于进行化学实验中的反应和热解。烧瓶通常由玻璃制成，具有坚固且耐高温的特性，为了满足实验的需要，烧瓶有不同形状和规格。如圆底烧瓶的瓶口比较结实耐压，且可以均匀地分布热量，在回流、蒸馏及有机反应实验中经常使用；梨形烧瓶适用于半微量操作；实验涉及搅拌和回流等较复杂操作时，应选用多口烧瓶，如两颈烧瓶、三颈烧瓶和四颈烧瓶。三颈烧瓶，又称三口烧瓶，中间瓶口可安装电动搅拌器，两个侧口装球形冷凝管、滴液漏斗或温度计等。三颈烧瓶上再装一个 Y 形加料管就可以代替四颈烧瓶。以前常压蒸馏时常用蒸馏烧瓶，现在可由圆底烧瓶与蒸馏头或蒸馏弯头组合来代替。同样，克莱森（Claisen）蒸馏烧瓶（简称克氏烧瓶），可由圆底烧瓶与克氏蒸馏头组合来代替，克氏蒸馏头常用于减压蒸馏和容易产生泡沫或暴沸液体的蒸馏。

（2）冷凝管　冷凝管的主要作用是通过冷凝或回流来促进化学反应或分离过程。冷凝管的设计和类型多样，包括直形冷凝管、球形冷凝管、蛇形冷凝管、空气冷凝管等，每种类型都有其特定的应用场景和优势。

直形冷凝管［图 2-3-1（u）］由内外组合的直形玻璃管构成，主要用于蒸馏操作，蒸汽温度小于 140℃时使用。它不用于回流操作，外管上下两侧分别有连接管接头，用作进水口和出水口。直形冷凝管适用于沸点较低的液体有机化合物的沸点测定和蒸馏操作。

球形冷凝管［图 2-3-1（w）］的内管为若干个玻璃球连接起来，冷却面积较大，对蒸汽的冷凝效果较好，适用于加热回流的实验，也适用于各种沸点的液体物质。然而，长期使用，冷凝后的液体凝固后容易卡在玻璃球中，可以用盐酸洗去隔套中的铁锈。

蛇形冷凝管［图 2-3-1（x）］用于有机制备的回流，适用于沸点较低的液体。蛇形冷凝管通过其内部设计的一定互联结构，可以增加制冷器的换热面积，提高制冷效率。这种冷凝管适用于沸点较低的冷凝对象，适用作垂直式的连续长时间的回流装置。

空气冷凝管［图 2-3-1（v）］适用于沸点较高（高于 140℃）的冷凝对象，以免直形冷凝管通水冷却导致玻璃温差大而炸裂。空气冷凝管和直形冷凝管都是在蒸出产物时使用（包括蒸馏和分馏）的。

（3）分液漏斗［图 2-3-1（o）］　分液漏斗按其形状划分，有筒形、圆形和梨形等，常用于液体的萃取、洗涤和分离，也可用于滴加试剂。当反应体系内有压力时，最好采用恒压滴液漏斗滴加液体。它不仅能使滴加顺利进行，而且也可以避免易挥发或有毒蒸气从漏斗上口逸出。

（4）分馏柱［图 2-3-1（t）］　分馏柱的作用是提供表面积和接触点，利用混合物中各组分的沸点不同，使蒸气和液体之间发生交互作用，通过多次汽化和冷凝，达到分离提纯的目的。在分馏柱内，当上升的蒸气与下降的冷凝液或液相接触时，上升的蒸气部分冷凝放出热量使下降的冷凝液部分汽化，两者之间发生了热量交换。其结果是上升蒸气中易挥发组分增加，而下降的冷凝液中高沸点组分增加。如此反复进行多次汽液平衡，即达到了多次蒸馏的效果。

（5）分水器［图 2-3-1（s）］　分水器的作用是，分出有机可逆平衡反应中所生成的水，破坏反应平衡，使平衡向生成产物方向移动，以提高反应产率。要求反应物或溶剂和水是不互溶的，而且密度应该是比水小。这样在分水器里水就能和反应物或溶剂分层，上层的反应物或溶剂又能流回反应体系继续反应，而在下层的水就可以从反应体系里分离出来。

（6）接液管［图 2-3-1（m）］　又称接引管，在蒸馏时作接收蒸馏液用，常压蒸馏一般用单尾接液管；减压蒸馏时为了接收多种馏分，常常选用双尾或三尾接液管。

（7）干燥管［图 2-3-1（n）］　在处理无水溶剂或在无水反应装置中，为了避免潮气的侵入，常用干燥管，内装无水氯化钙作为干燥剂。

（8）温度计套管［图 2-3-1（1）］　用于温度计与接口的密封。

（三）常见的普通非磨口玻璃仪器

尽管标准磨口仪器已普遍使用，但它不可能完全取代普通玻璃仪器，如量筒、烧杯、表面皿等。

常见的非磨口玻璃仪器如图 2-3-2 所示。

（1）布氏（Büchner）漏斗　一般由陶瓷制成，与抽滤瓶组合可用于减压过滤。

（2）分液漏斗　可以分离两种互不相溶的液体，也可以逐滴或控制流量加入液体，还

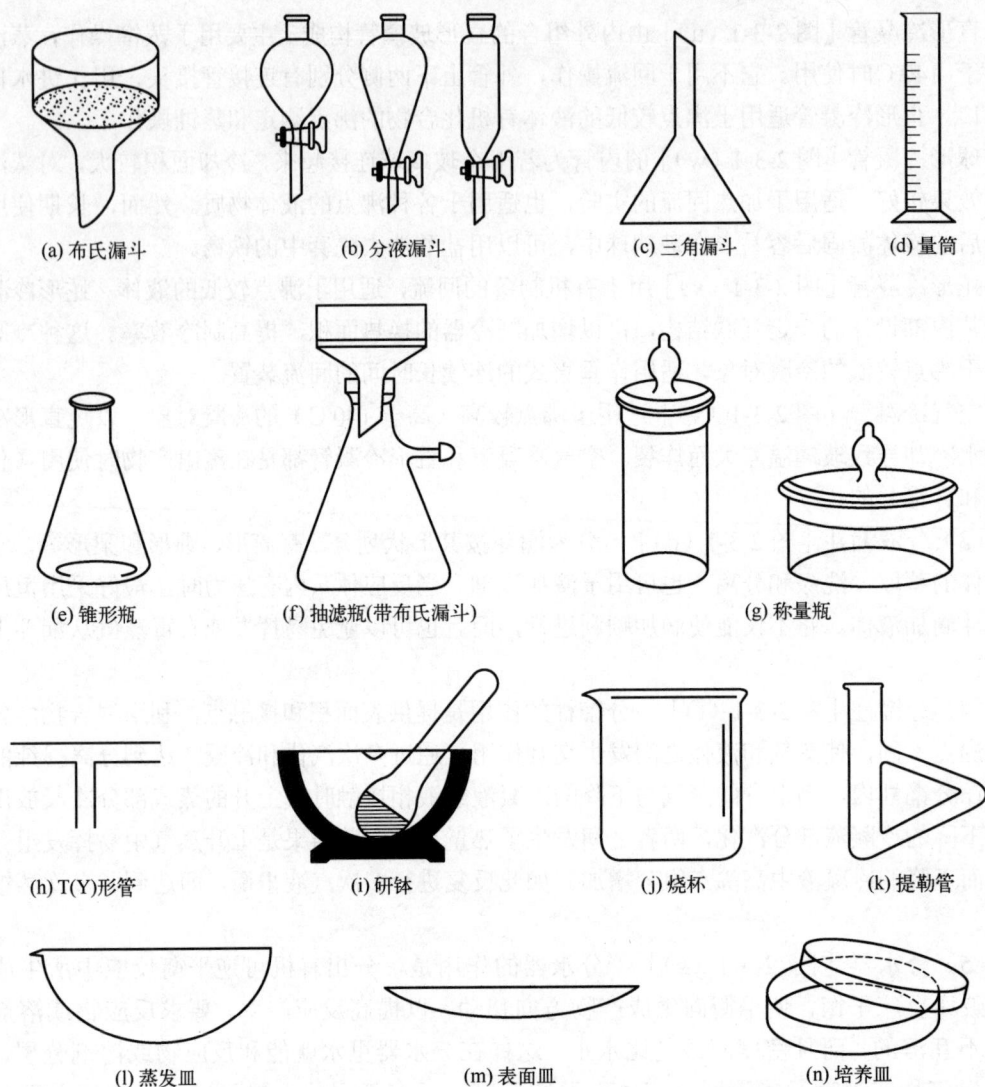

(a) 布氏漏斗　　(b) 分液漏斗　　(c) 三角漏斗　　(d) 量筒

(e) 锥形瓶　　(f) 抽滤瓶(带布氏漏斗)　　(g) 称量瓶

(h) T(Y)形管　　(i) 研钵　　(j) 烧杯　　(k) 提勒管

(l) 蒸发皿　　(m) 表面皿　　(n) 培养皿

图 2-3-2　非磨口玻璃仪器

可以防止气体泄漏。

（3）玻璃漏斗　经常用于添加液体或普通过滤，如需保温过滤，要用短颈漏斗或热水浴漏斗，热水浴漏斗是在普通玻璃漏斗的外围装上一个铜质的夹套，夹套内装水，用燃气灯加热侧面的支管，以保持所需要的温度。

（4）量筒　用于测量液体的体积，具有精确度高、操作简便等特点，被广泛用于体积测量、溶液配制、实验分析等方面。

（5）锥形瓶　也称三角烧瓶，常用于储存溶液、少量溶液加热、常压蒸馏的接收以及重结晶操作，因锥形瓶的瓶底较薄、不耐压，切勿用于减压蒸馏，以免炸裂。

（6）抽滤瓶　抽滤瓶和布氏漏斗两者配套用于分离沉淀与溶液，利用水泵或真空泵降低抽滤瓶中的压力以便加速过滤。

（7）称量瓶　用于使用分析天平时称取一定质量的试样，也可用于烘干试样。

（8）研钵　研钵是一种实验中用于研碎实验材料的容器，通常配有钵杵。它可以是瓷制品，也可以是玻璃、铁、玛瑙、氧化铝材料制品，规格用口径的大小表示。硬质材料（如瓷或黄铜）制成的研钵通常是碗状的小器皿，用杵在其中将物质捣碎或研磨，用于研磨固体物质或进行粉末状固体的混合。

（9）提勒（Thiele）管　又称 b 形管，通常用于测定熔点、沸点。

（10）蒸发皿　蒸发皿的材质多样，包括陶瓷、玻璃、石英、铂或铜等，不同的材质具有不同的耐腐蚀性能，它的主要作用是蒸发液体、浓缩溶液或干燥固体物质。

（11）表面皿　表面皿是玻璃制的，圆形，中间稍凹，与蒸发皿相似。可以用来做一些蒸发液体的工作，它可以让液体的表面积增大，从而加快蒸发。但是不能像蒸发皿那样加热，需垫上石棉网。可以作盖子，盖在蒸发皿或烧杯上，防止灰尘落入蒸发皿或烧杯；可以作容器，暂时盛放固体或液体试剂，方便取用；可以作承载器，用来承载 pH 试纸，使滴在试纸上的酸液或碱液不腐蚀实验台等。

（12）培养皿　培养皿是一种用于微生物或细胞培养的实验室器皿，由一个平面圆盘状的底和一个盖组成，一般用玻璃或塑料制成。玻璃培养皿适用于植物材料、微生物培养和动物细胞的贴壁培养，而塑料培养皿，可能是聚乙烯材料的，适合实验室接种、划线、分离细菌的操作，并且也可以用于植物材料的培养。

二、有机化学实验室常用的设备

（一）托盘天平

托盘天平（图 2-3-3）又被称为台秤，是常量合成操作中常用的称量设备。实验室常用台秤的最大称量质量为 500g，可准确称量到 0.1g。使用时，应用镊子取用砝码，注意保持台秤清洁。称量物体不许直接放在秤盘上，应将物料放在干净的称量纸或表面皿上称量。

（二）电子天平

电子天平（图 2-3-4）是实验室常用的称量设备，尤其在微量、半微量实验中经常使用。不需使用砝码，被称物品放在秤盘上，电子显示器将质量显示出来。根据用途的不同，精度有 0.1g、0.01g、0.001g、0.0001g 几种规格。电子天平具有简单易懂的菜单，称量迅速、准确、方便。

电子天平是一种比较精密的仪器，使用时应注意维护和保养。

（1）天平应放在清洁、稳定的环境中，以保证测量的准确性。勿放在通风、有磁场或产生磁场的设备附近，勿在温度变化大、有振动或存在腐蚀性气体的环境中使用。

（2）校准砝码应存放在安全干燥的场所。

（3）请保持机壳和称量台的清洁，为保证天平的准确性，可用蘸有柔性洗涤剂的湿布擦洗。

（4）使用时，请不要称量超过天平的最大量程的物品。

（5）天平在不使用时，需要关闭开关，拔掉变压器。

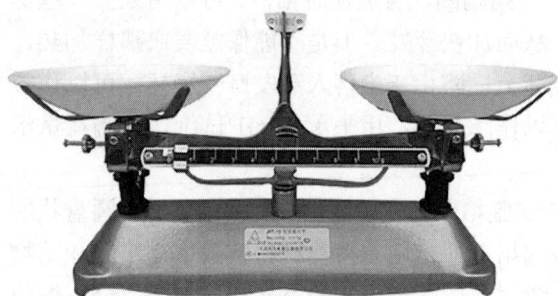

图 2-3-3　托盘天平　　　　　　　　　　　图 2-3-4　电子天平

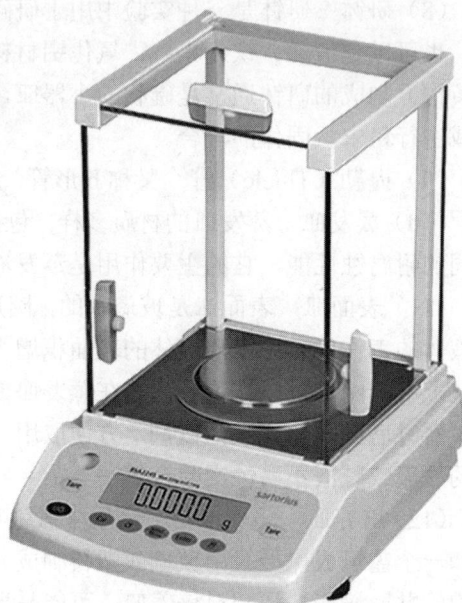

（三）电热套

电热套（图 2-3-5）是用玻璃纤维丝与电热丝编织成半球形内套，外边加上了金属外壳，中间填上了保温材料的加热设备。电热套的容积一般与烧瓶的容积相匹配，分为50mL、100mL、150mL、200mL、250mL 等规格，最大可到 3000mL。加热温度用调压的变压器控制，最高加热温度可达 400℃左右。此设备不用明火加热，使用比较安全。由于它的结构是半球形的，在加热时，烧瓶处于热空气包围中，因此，加热效率较高。使用时应注意不要将药品洒在电热套中，以免加热时药品挥发污染环境，同时避免电热丝被腐蚀而断裂。电热套的使用和保存都应处于干燥环境中，否则内部吸潮后会降低绝缘性能。

（四）循环水多用真空泵

循环水多用真空泵（图 2-3-6）是以循环水作为流体，利用射流产生负压的原理而设计的一种新型多用真空泵，广泛用于蒸发、蒸馏、过滤、结晶、升华、减压等操作中。由于水可以循环使用，避免了直排水的现象，节水效果明显，因此是实验室理想的减压设备。水泵一般用于对真空度要求不高的减压体系中。使用时应注意以下三点。

（1）真空泵抽气口最好接一个安全瓶，以免停泵时，水被倒吸入反应瓶中，使操作失败。

（2）开泵前，应检查是否与体系连接好，然后打开安全瓶上的旋塞。开泵后，用旋塞调至所需要的真空度。关泵时，先打开安全瓶上的旋塞，再关泵。切忌相反操作。

（3）应经常补充和更换水泵中的水，以保持水泵的清洁和真空度。

（五）气流烘干器

气流烘干器（图 2-3-7）是一种用于快速烘干玻璃仪器的小型干燥设备。使用时，需先将仪器洗干净，甩掉仪器壁上的水分，然后将仪器套在烘干器的多孔金属管上。注意随时调节热空气的温度。气流烘干器不宜长时间加热，以免烧坏电机和电热丝。

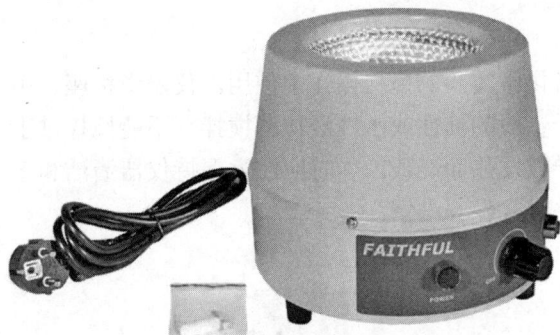

图 2-3-5　电热套

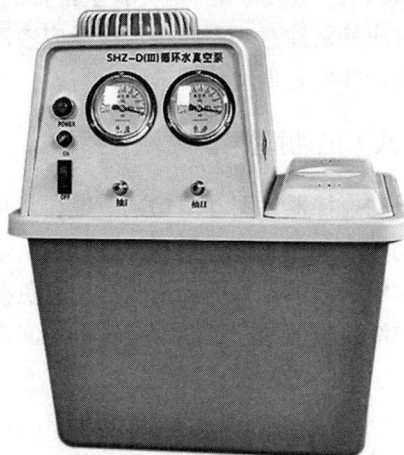

图 2-3-6　循环水多用真空泵

（六）烘箱

实验室一般使用的是恒温鼓风干燥箱（图 2-3-8），主要用于干燥玻璃仪器或干燥无腐蚀性、热稳定性好的药品。使用时应先调好温度（烘玻璃仪器一般控制在 100~110℃）。刚洗好的仪器应将水控干后再放入烘箱中。烘仪器时，将烘热干燥的仪器放在上边，湿仪器放在下边，以防湿仪器上的水滴到热仪器上造成仪器炸裂。热仪器取出后，不要马上接触冷的物体，如冷水、金属用具等，以免炸裂。带旋塞的仪器，应取下塞子后再放入烘箱中烘干。

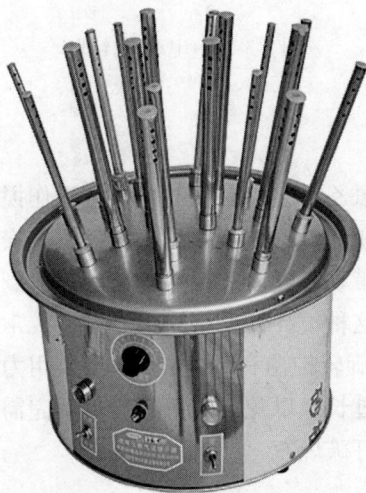

图 2-3-7　气流烘干器

图 2-3-8　烘箱

（七）吹风机

吹风机（图 2-3-9）是实验室常备的小件电器，用来吹干玻璃仪器，有冷风挡和热风挡。使用时应特别注意，不要将水或反应液洒到机壳的孔眼里；用完要放在干燥处，注意防潮、防腐蚀，并要定期加油和维修。

（八）电动搅拌器

电动搅拌器（图 2-3-10）一般在常量有机化学实验的搅拌操作中使用。仪器由机座、小型电动马达和变压调速器几部分组成，适用于一般的油性或水性液体的搅拌，不能搅拌过于黏稠的胶状液体，否则会造成马达超负荷，导致发热而烧毁。平时应注意保持仪器清洁和干燥，防潮、防腐蚀，要经常向轴承加润滑油并进行保养维修。

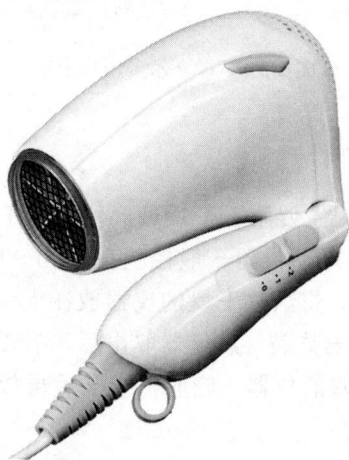

图 2-3-9　吹风机

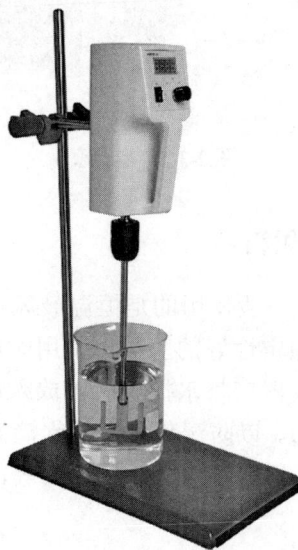

图 2-3-10　电动搅拌器

（九）电磁搅拌器

电磁搅拌器（图 2-3-11）是将一根用玻璃或聚四氟乙烯塑料封闭的棒状磁铁作搅拌子，投入盛有反应液的反应瓶中，反应瓶装置固定在电磁搅拌器的托盘中央，托盘下方安置有旋转磁铁。接通电源后，由于磁铁转动引起磁场变化，带动容器内的搅拌子转动，起到搅拌作用。一般电磁搅拌器都附有加热和调温、调速装置。这种搅拌器使用简单、方便，常用在小量、半微量实验操作中。在使用电磁搅拌器时，需小心旋转控温和调速旋钮，不要用力过猛，应依挡次顺序缓缓调节转速，高温加热不宜使用时间过长，以免烧断电阻丝。用完需存放在清洁和干燥的地方。搅拌速度不要过快，以免搅拌子打破烧瓶。

三、有机化学实验室常用的反应装置

一个复杂的有机化学实验通常是由几个单元反应组合而成的，所用的仪器装置也相对比较固定，常用的单元反应装置有回流、蒸馏、精馏、气体吸收、滴加、搅拌、气体发生等，使用时可根据具体的反应要求做适当的调整。

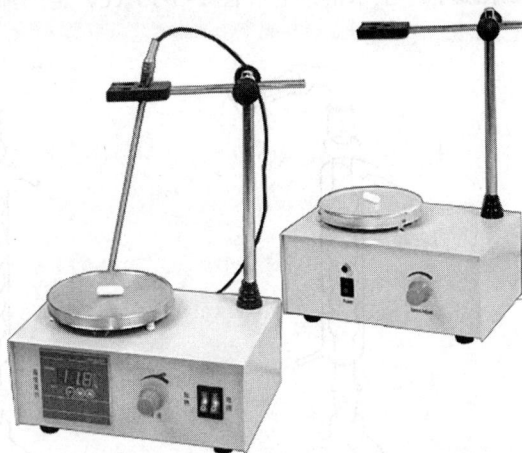

图 2-3-11　电磁搅拌器

（一）蒸馏装置

蒸馏是分离两种以上沸点相差较大的液体（30℃以上）的常用方法，另外蒸馏还经常用于除去反应体系中的有机溶剂。图 2-3-12（a）是最常用的蒸馏装置。如果蒸馏易挥发的低沸点液体时，可将接液管的支管连上橡胶管，通向水槽或室外；如果蒸馏过程需要防潮，可在接液管处安装干燥管。图 2-3-12（b）是应用空气冷凝管冷凝的蒸馏装置，常用于蒸馏沸点在 140℃以上的液体。若使用水冷凝管冷却，可能会由于温差过高而使冷凝管炸裂。

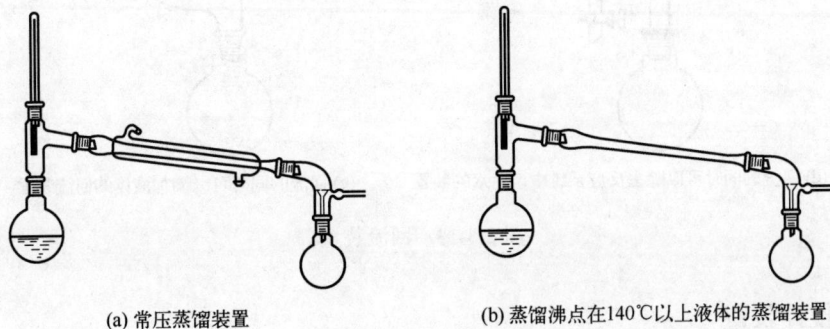

(a) 常压蒸馏装置　　　　　　　　　　　　(b) 蒸馏沸点在140℃以上液体的蒸馏装置

图 2-3-12　蒸馏装置

（二）回流装置

在有机化学实验中，为了加快反应速率，通常需要对反应物进行较长时间的加热。在这种情况下，需用回流装置，回流装置可以使反应物或溶剂的蒸气不断地在冷凝管内冷凝而返回反应器中，防止反应瓶中的物质逸出。图 2-3-13（a）是最简单的回流装置；图 2-3-13（b）是可以隔绝潮气的回流装置；图 2-3-13（c）是用于吸收尾气的回流装置；图 2-3-13（d）是回流的同时可以除去反应系统中产生水的装置；图 2-3-13（e）是回流的同时可以滴加液体的回流装置。

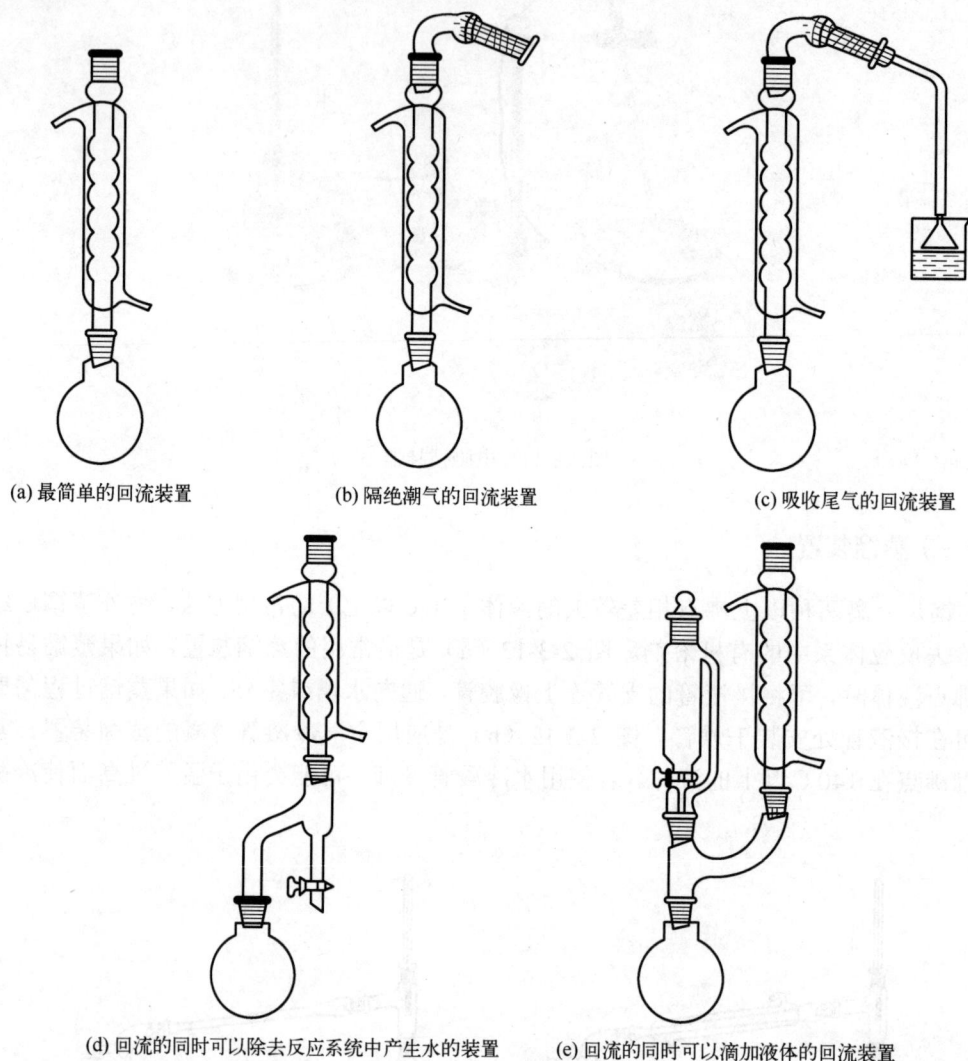

(a) 最简单的回流装置   (b) 隔绝潮气的回流装置   (c) 吸收尾气的回流装置

(d) 回流的同时可以除去反应系统中产生水的装置   (e) 回流的同时可以滴加液体的回流装置

图 2-3-13   回流装置

（三）搅拌装置

搅拌是有机实验常见的基本操作之一。反应在均相溶液中进行时，一般可以不用搅拌。但若是非均相反应或某些反应物需不断加入时，为了尽可能迅速均匀地混合，避免因局部过热而导致其他副反应的发生，则需进行搅拌。另外，当反应物是固体时，为了反应的顺利进行，也需要进行搅拌。

搅拌方法有三种，即人工搅拌、电动搅拌和磁力搅拌。

反应简单，反应时间较短，且反应体系中放出的气体是无毒的制备实验可以用人工搅拌；

反应比较复杂，反应时间比较长，而且反应体系中放出的气体是有毒的制备实验则要用电动搅拌或磁力搅拌。

图 2-3-14（a）～（c）是常用的电动搅拌回流装置。图 2-3-14（a）是搅拌和回流装置；图 2-3-14（b）是搅拌、回流和滴加装置；图 2-3-14（c）是搅拌、回流、滴加和监测反应温度的装置；图 2-3-14（d）是常用磁力搅拌回流装置。磁力搅拌回流装置是在反应瓶中加入一个长度合适的电磁搅拌子，在反应瓶下面放置磁力搅拌器，调节磁铁转动速率，就可以控制反应瓶中搅拌子的转动速率。

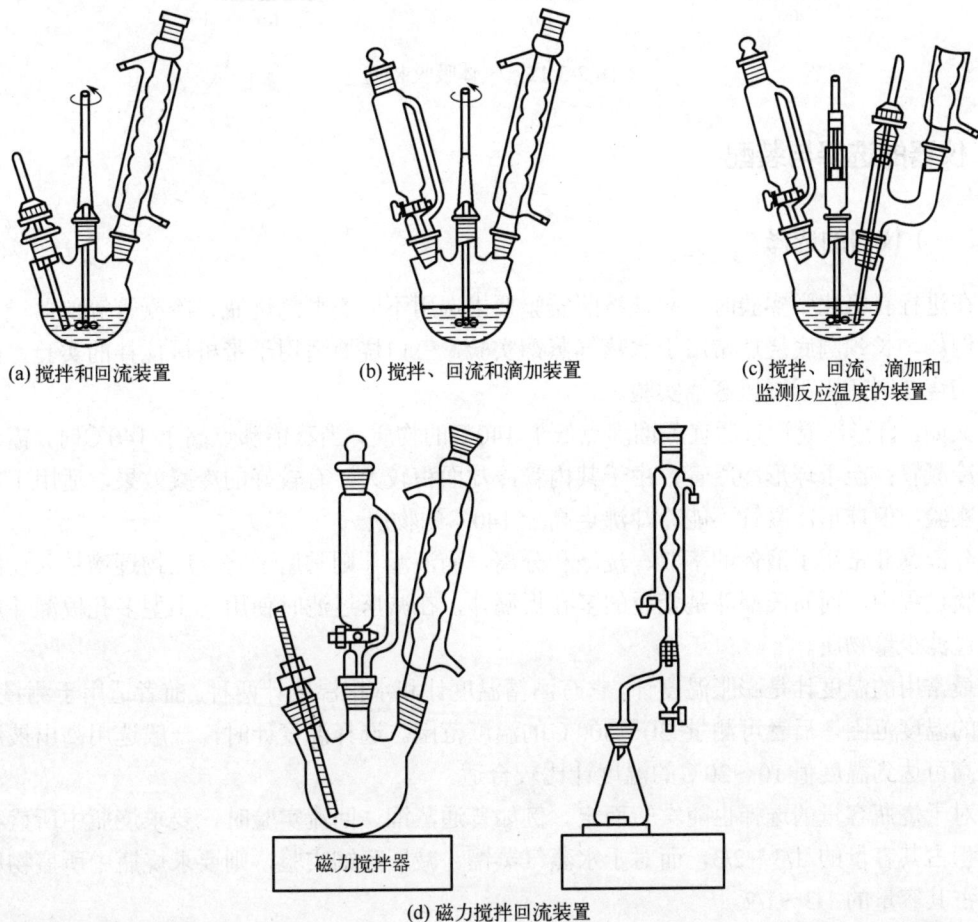

(a) 搅拌和回流装置　　　(b) 搅拌、回流和滴加装置　　　(c) 搅拌、回流、滴加和监测反应温度的装置

磁力搅拌器

(d) 磁力搅拌回流装置

图 2-3-14　带有机械搅拌器的实验装置

（四）气体吸收装置

气体吸收装置用于吸收反应过程中生成的有刺激性和有毒的气体（如二氧化硫、氯化氢等），图 2-3-15（a）和图 2-3-15（b）可用于少量气体的吸收。图 2-3-15（a）中的玻璃漏斗应略微倾斜，使漏斗口一半在水中，一半在水面上。这样，既能防止气体逸出，也可防止出现倒吸现象。当反应过程中有大量气体生成或气体逸出且速度很快时，可使用图 2-3-15（c）所示装置，水（可利用冷凝管流出的水）自上端流入抽滤瓶中，在恒定的平面上溢出，粗的玻璃管恰好深入水面，被水封住，以防气体进入大气。

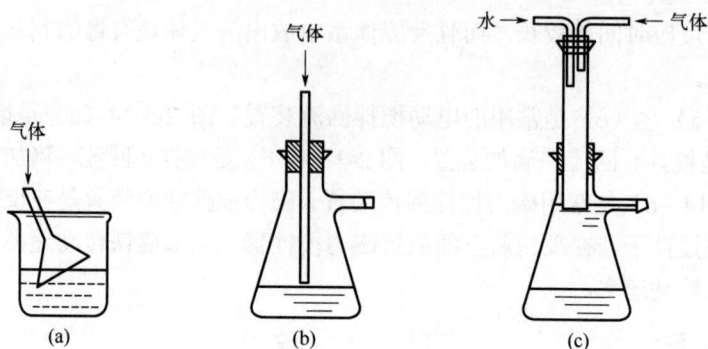

图 2-3-15 气体吸收装置

四、仪器的选择与装配

（一）仪器的选择

在进行有机化学实验时，应该按照实验要求选用不同类型的烧瓶、冷凝管等仪器。

例如，长颈圆底烧瓶常用于水蒸气蒸馏实验，三口烧瓶适用于带机械搅拌的实验，而克氏蒸馏烧瓶则适用于减压蒸馏实验。

又如，直形冷凝管只适宜蒸馏沸点低于140℃的物质，当蒸馏沸点高于140℃时，需使用空气冷凝管；至于球形冷凝管，由于其内管冷却面积较大，有较好的冷凝效果，适用于加热回流实验，但球形冷凝管不能冷却沸点高于140℃的物质。

分液漏斗常用于液体的萃取、洗涤和分离，滴液漏斗则常用于将反应物逐滴加入反应器的实验过程中，而布氏漏斗是瓷质的多孔板漏斗，在减压过滤时使用。小型多孔板漏斗用于减压过滤少量物质。

最常用的温度计是膨胀温度计，它有酒精温度计和水银温度计两种。前者适用于测量0～60℃的温度范围，后者可测−30～300℃的温度范围。选择温度计时，一般选用高出被测物质最高可达到温度值10～20℃的温度计比较合适。

对于烧瓶容量的选择也随实验而定。例如普通蒸馏、回流实验时，要求烧瓶中所盛物质的体积占其容量的 1/3～2/3，而对于水蒸气蒸馏、减压蒸馏实验，则要求烧瓶中所盛物质的体积占其容量的 1/3～1/2。

（二）仪器的安装

首先要确定仪器安装的位置，放好铁架台，按自下而上、从左到右的顺序逐个安装仪器。即在铁架台上先放一个酒精灯（或其他热源、热浴）、铁圈，然后将烧瓶固定在合适的高度，再逐一安装冷凝管及其他配件。每件大仪器都应用金属夹子（通用夹）牢固地夹住（如烧瓶夹住近瓶口的颈部，冷凝管夹住中上部），不宜太紧，也不宜太松，金属夹子必须套上乳胶管或粘上石棉垫，以防夹碎玻璃仪器。连接口要严密，不漏气，以免易燃液体的蒸气外逸而着火，也要保证易挥发物质不受损失。但常压下进行反应的装置必须与大气相通，以免爆炸。

在安装磨口仪器时，要保证磨口不受压力并使磨口保持洁净。在连接内、外磨口时一般不用涂抹润滑油，以免沾污反应物或产物。但当处理盐类或强碱性物质时，或在减压蒸馏时，则必须在磨口上涂一层薄薄的润滑油，以免磨口黏结。从涂有润滑油的内磨口仪器中倾出物料前，应先用蘸有石油醚、乙醚或丙酮等易挥发有机溶剂的碎滤纸将磨口擦净。非磨口仪器和配件之间常用塞子或乳胶管连接。将温度计或玻璃管插入塞孔前先用水或甘油润湿被插入的一端，然后一手持塞子，另一手捏住玻璃管（或温度计）进塞子的部位（距塞子 2~3cm 处）均匀用力，使其逐渐插入。如要插入弯形玻璃管，切不可捏住弯曲处。拔出玻璃管也用类似的方法。

检查每件仪器和配件是否合乎要求，有无破损，装置是否正确、整齐、稳定、严密，是否与大气相通等。整套仪器安装完，无论从正面或侧面观察，整套装置的轴线都要处于同一平面内。也就是要满足"横平竖直""横看一个面，竖看一条线"的要求。

确认装置正确、安全后方能使用。

（三）仪器的拆卸

仪器的拆卸，其顺序与安装时相反，最后将仪器清洗干净、归位。

五、仪器的洗涤与干燥

实验结束后，应立即清洗所用玻璃仪器。如果久置不洗，则会造成污物牢固地黏附在玻璃器壁上，难以除去。进行化学实验必须使用洁净的玻璃仪器，以免仪器上的污物影响实验结果及产物的纯度，尤其是制备实验不仅要求仪器是洁净的，更要求是干燥的，实验者应该养成及时清洗、干燥、保养玻璃仪器的良好习惯。

（一）玻璃仪器的清洗

玻璃仪器的清洗方法有很多，应该根据实验要求、污物的性质及污染程度，有针对性地选择不同的洗涤方法进行清洗。

对于水溶性污物，只要在仪器中加入适量自来水，稍用力振荡后倒掉，再反复冲洗几次即可洗净。对于冲洗不掉的污物，可用毛刷蘸水和去污粉、洗涤液进行刷洗，在肥皂液里加入一些去污粉，洗涤效果会更好（但要注意，切勿用去污粉擦洗玻璃仪器磨口，以免损坏仪器磨口）。如果仪器上黏结了"顽固"的污垢，则需根据污物性质选择合适的化学试剂进行浸泡后再刷洗。对于碱性或酸性残渣，可分别用酸或碱液处理后再用水清洗；对于碳化残渣，要用铬酸洗液清洗后将洗液倒回原瓶，然后用水清洗；银镜反应的试管要用稀硝酸清洗，然后用清水冲洗干净。

玻璃仪器洗净的标志是把仪器倒置时，均匀的水膜顺器壁流下，不挂水珠。洗净后的仪器不能再用纸或布擦拭，以免纸或布的纤维再次污染仪器。

（二）玻璃仪器的干燥

有机化学实验往往需要使用干燥的玻璃仪器，所以要养成实验完毕后立即将玻璃仪器清洗、倒置晾干的好习惯。干燥玻璃仪器的常用方法有以下几种：

1. 自然干燥

对于不急用的仪器，可在洗净后，倒置在仪器架上，自然晾干。

2. 烘箱干燥

将清洗过的仪器倒置控水后，放入烘箱，在 $105\sim110℃$ 恒温 $30min$，即可烘干。干燥玻璃仪器时，仪器不能带有橡胶塞或软木塞，具有磨口玻璃塞的仪器，需要取下塞子，然后将玻璃仪器中的水控干后放入烘箱。玻璃仪器烘干后，一般应在烘箱温度自然下降到室温后再取出容器。如因急用，应使用坩埚钳将其取出，放在石棉板上自然冷却，且不可使很热的玻璃仪器沾上冷水，以免仪器炸裂。有些玻璃仪器不宜采用此法干燥，如吸滤瓶、计量器皿及冷凝管等。

3. 热空气浴烘干或热空气吹干

热空气浴烘干是将玻璃仪器放在两层相隔约 $10cm$ 的石棉铁丝网上层，用煤气灯加热下层石棉铁丝网，加热烘干玻璃仪器的方法。但加热过程中要控制上层石棉铁丝网上的温度低于 $120℃$，以免玻璃仪器炸裂。

热空气吹干是用气流干燥器或吹风机吹干玻璃仪器。

4. 有机溶剂干燥

将洗净的玻璃仪器先用少量的乙醇洗涤一次，再用少量丙酮洗涤，每次洗完的溶剂应倒入回收瓶中，最后用玻璃仪器气流干燥器或吹风机吹干。

洗净干燥的玻璃仪器应分开存放，有些不能分开存放的，如分液漏斗旋塞则应在磨口间夹上纸片，以免日久黏结难以拆开。

知识四　有机化学反应的实施方法

一、加热方法

加热与冷却是化学实验中最常用的基本操作之一。尤其是大多数有机化学反应，为了加快反应的进行，提高反应速率，经常需要进行加热。采用不同的热源或冷却剂，可能获得不同的加热或冷却温度，可根据具体实验的要求和实验条件，选择不同的热源和冷却剂。

有机化学实验中，常采用的加热方法有直接加热和间接加热两种。

（一）直接加热

直接加热，常用酒精灯或电炉作热源。酒精灯使用方便，但加热强度不大，属于明火热源。电炉使用较为广泛，加热强度可调控，也属于明火热源。直接加热时，需要在玻璃仪器下面垫上石棉网进行加热，灯焰要对着石棉块，不要偏向铁丝网，否则会造成局部受热，仪器受热不均匀，甚至发生仪器破损。这种加热方式只适用于沸点高而且不易燃烧的物质。

（二）间接加热

间接加热是指通过传热介质作热浴的加热方式。具有受热面积较大、受热均匀、浴温可控制和非明火加热等优点。常用的热浴有水浴、油浴、沙浴、空气浴和微波加热技术等。

1. 水浴

加热温度在 100℃以下的实验可采用水浴。水浴使用方便、安全，但不适用于需要严格无水操作的实验（如制备格氏试剂或进行傅氏反应）。加热时，将容器下部浸入热水中（热浴的液面应略高于容器中的液面），切勿使容器接触水浴锅底。小心加热以保持所需的温度。若需要加热到接近 100℃，可用沸水浴或水蒸气浴。由于水会不断蒸发，应注意及时补加热水。

2. 油浴

加热温度在 90～250℃的实验可用油浴。油浴的优点在于温度容易控制在一定范围内，反应物受热均匀。常用的油类有甘油、硅油、食用油和液体石蜡等。使用油浴加热时要特别小心，防止着火，当油浴受热冒烟情况严重时，应立即停止加热。油浴中应悬挂温度计，以便随时调节控制温度；同时应采取措施，不要让水溅入油中，否则在油浴温度升高时会产生泡沫或飞溅。避免直接用明火加热油浴，这样容易导致油燃烧。实验中经常在油浴中安置一根电热棒，电热棒通过电热丝与调压变压器相连，可以方便控制油浴的温度。注意油浴温度不要超过所能达到的最高温度。植物油中加 1%对苯二酚，可增加其热稳定性。

3. 沙浴

加热温度在 250～350℃的实验可用沙浴。沙浴的优点在于使用安全，但升温速度较慢，温度分布不够均匀。一般用铁盘装沙，将容器下部埋在沙中，并保持底部有薄沙层，四周的沙稍厚些。因为沙的导热效果较差，温度分布不均匀，温度计水银球要紧靠容器。由于沙浴温度上升较慢，且不易控制，因而使用不广泛。

4. 空气浴

电热套加热就是简单的空气浴加热。空气浴就是让热源把局部空气加热，空气再把热能传导给反应容器。目前，实验室中使用最广泛的空气浴就是电加热套（电热包）加热。此设备不用明火加热，使用方便、安全，适当保温时，加热温度可达 400℃以上。安装电热套时，要使反应瓶外壁与电热套内壁保持 2cm 左右的距离，以便利用热空气传热和防止局部过热。

5. 微波加热技术

微波加热技术是近年来出现的新型热源，微波加热安全可靠，温度可调，属非明火热源，具有广泛的应用前景。

二、冷却方法

有些反应需要在低温下进行（如重氮化反应），还有些有机反应会产生大量的热，使反应体系的温度迅速升高，如果控制不当，可能引起副反应。高温还会使反应物或溶剂大量蒸发，甚至会发生反应物冲出反应容器或爆炸事故。要把这些反应的温度控制在一定范围内，就要采取适当的冷却措施。有时为了降低溶质在溶剂中的溶解度或加速结晶析出，也要采用冷却的方法。

（一）冰与水冷却

一般可用冷水在容器外壁流动或把反应器浸在冷水中，以便热量交换。也可用水和碎冰的混合物作冷却剂，其冷却效果比单用冰块好。如果水分不妨碍反应的进行，也可把碎冰直接投入反应器中，可以更有效地保持低温。

（二）冰盐冷却

要在 0℃以下进行操作时，常用按不同比例混合的碎冰和无机盐作为冷却剂。可把盐研细，把冰砸碎，成小块后混合搅拌，使盐均匀包在冰块上，实际操作中能冷却到-5～-18℃的低温。在使用过程中应随时加以搅拌。

（三）干冰或干冰与有机溶剂混合冷却

干冰（固体二氧化碳）和乙醇、异丙醇、丙酮、乙醚或氯仿混合，可冷却到-50～-75℃。一般将这种冷却剂放在广口保温瓶中或其他绝热效果好的容器中，以保持其冷却效果。

（四）低温循环泵冷却

采用机械制冷的低温循环设备，具有提供低温液体、低温水浴的作用，使用时根据要求调节到所需冷却温度。

必须注意，如果冷却温度低于-38℃时，水银会凝固，因此不能用水银温度计，应采用添加少许颜料的有机溶剂（酒精、甲苯、戊烷等）温度计。

三、干燥方法

干燥是常用的除去固体、液体或气体中少量水分或少量有机溶剂的方法，是常用的分离和提纯有机化合物的基本操作之一。在进行有机物定性、定量分析以及物理常数测定时，都必须进行干燥处理，才能得到准确的实验结果。液体有机物在蒸馏前也需干燥，否则前馏分较多，产物损失，甚至沸点也不准确。此外，许多有机反应需要在无水条件下进行，溶剂、原料和仪器等均需要干燥。

根据除水原理，干燥方法可分为物理方法和化学方法两种。

物理方法有分馏、吸附、晾干、烘干和冷冻等。近年来，还常用离子交换树脂和分子筛等来进行干燥。离子交换树脂和分子筛均属多孔性吸水固体，受热后会释放出水分子，可反复使用。

化学方法是利用干燥剂与水分子反应进行除水。根据干燥剂除水作用的不同，可分为两类：一类是与水可逆地结合，生成水合物的干燥剂，如无水氯化钙、无水硫酸镁等；另一类是与水发生不可逆的化学反应，生成新的化合物的干燥剂，如金属钠、五氧化二磷等。目前第一类干燥剂已被广泛使用。

（一）气体物质的干燥

有气体参加反应时，常常将气体发生器或钢瓶中的气体通过干燥剂进行干燥。固体干燥剂一般装在干燥管、干燥塔或大的 U 形管内。液体干燥剂则装在各种形式的洗气瓶内。要根据被干燥气体的性质、用量、潮湿程度以及反应条件，选择不同的干燥剂和仪器。氧化钙、氢氧化钠等碱性干燥剂常用来干燥甲胺、氨气等碱性气体，氯化钙常用来干燥烃类、H_2、O_2、N_2、HCl、CO_2、SO_2 等，浓硫酸常用来干燥烃类、H_2、N_2、Cl_2、HCl、CO_2 等。

用无水氯化钙进行干燥时，切勿用细粉末，以免吸潮后结块堵塞。用浓硫酸进行干燥时，酸的用量不可超过洗气瓶容量的 1/3，并且通入气体的流速不宜太快。为了防止发生倒吸，在洗气瓶与反应瓶之间应连接安全瓶。

用干燥塔进行干燥时，为了防止干燥剂在干燥过程中结块，那些不能保持其固有形态的干燥剂（如五氧化二磷）应与载体（如石棉绳、玻璃纤维、浮石等）混合使用。低沸点的气体可通过冷阱，将其中的水或其他可凝性杂质冷冻而除去，从而获得干燥的气体。固体二氧化碳与甲醇组成的体系或液态空气都可用作冷阱的冷冻液。

为了防止大气中的水汽侵入，有特殊干燥要求的开口反应装置可加干燥管，进行空气的干燥。

（二）液体物质的干燥

1. 干燥剂的选择

液体有机物的干燥，通常是将干燥剂直接加到被干燥的液体有机物中进行干燥。选择合适的干燥剂非常重要。选择干燥剂时应注意以下几点。

（1）干燥剂应与被干燥的液体有机化合物不发生化学反应、配位和催化等作用，也不溶解于要干燥的液体中。

（2）吸水量大，干燥效能高。

（3）干燥速度快，节省实验时间。

（4）价格低廉，用量较少，利于节约。

2. 干燥剂的用量

掌握好干燥剂的用量非常重要。若用量不足，达不到干燥的目的；若用量太多，由于干燥剂的吸附会造成被干燥物的损失。干燥剂最低用量一般可根据水在液体中的溶解度和干燥剂的吸水量估算得到。但是由于液体中的水分不同、干燥剂的性能差别、干燥时间、干燥剂颗粒大小以及温度等因素影响，很难规定干燥剂的具体用量。一般情况下，干燥剂的实际用量是远远超过计算量的。

实际操作中，主要是通过现场观察判断干燥剂的用量。某些有机物干燥前浑浊，如果加入干燥剂吸水之后，呈清澈透明状，这时即表明干燥合格；如果干燥剂吸水变黏，粘在器壁上，应适量补加干燥剂，直到新加的干燥剂不结块、不粘壁，干燥剂棱角分明，摇动时旋转并悬浮（尤其是 $MgSO_4$ 等小晶粒干燥剂），表示所加干燥剂用量合适。

一般每 10mL 样品需加入 0.5～1g 干燥剂。

3. 干燥温度

对于生成水合物的干燥剂，加热虽可加快干燥速率，但远远不如水合物放出水的速率快，因此干燥通常在室温下进行。产品干燥好后，应将干燥剂滤出。

4. 操作步骤

液体有机物的干燥通常是在干燥的锥形瓶中进行。首先把被干燥液中的水分尽可能地除净，不应有任何可见的水层或悬浮水珠。然后把待干燥的液体放入预先干燥过的锥形瓶中，取颗粒大小合适（颗粒太大吸水缓慢、吸收效果差，颗粒过细吸附有机物多、影响收率）的干燥剂放入液体中，用塞子盖住瓶口，轻轻振摇，静置观察，如发现液体浑浊或干燥剂粘在瓶壁上，应该继续补加干燥剂并振摇，直至液体澄清后，再静置 30～40min 或放置过夜。可用无水硫酸铜（白色，遇水变蓝）检验干燥效果。

（三）固体物质的干燥

固体有机物的干燥，主要是为除去残留在固体中的少量水分或有机溶剂。由于固体有机物的挥发性比溶剂小，所以采取蒸发和吸附的方法来达到干燥的目的。常用干燥法如下。

1. 自然干燥

此法适用于对空气稳定、不吸潮的固体有机物。把被干燥固体放在滤纸、表面皿或敞开容器中，并摊开为一薄层，在室温下放置。一般需要过夜或数天才能彻底干燥。干燥时注意防止灰尘落入。

2. 加热干燥

此法适用于熔点较高、遇热不分解、对空气稳定的固体有机物。可使用烘箱或红外灯干燥，加热温度应低于固体有机物的熔点（放置温度计），随时翻动，防止结块。

3. 冷冻干燥

此法多用于热不稳定或易潮解的固体有机物的干燥。待干燥的物质在高真空的容器中冷冻至固体状态，而后升华脱水。如生物活性物质的脱水，微生物菌种的保存等通常采用冷冻干燥法。

4. 干燥器干燥

此法适用于易潮解或在高温下干燥会分解、变色的固体有机物。实验室常见的干燥器有普通干燥器和真空干燥器（图 2-4-1）。

干燥器下部装有干燥剂，上面是一块瓷板，以盛放被干燥的样品，磨口处涂有一层很薄的凡士林，使之密封。普通干燥器一般适用于保存易潮解物质，干燥时间较长，干燥效率不高。真空干燥器与普通干燥器大体相似，只是顶部装有带活塞的导气管，可接真空泵抽真空，使干燥器内的压力降低，提高干燥效率。

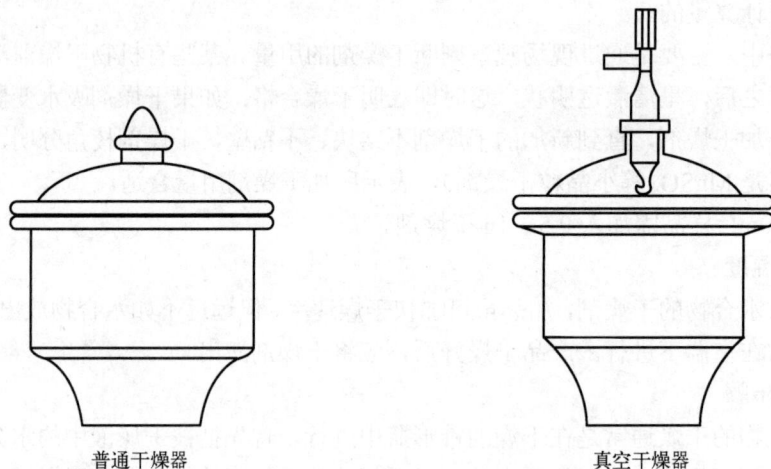

普通干燥器　　　　　　　　　　　真空干燥器

图 2-4-1　干燥器

5. 真空干燥箱干燥

此法适用于受热时易分解或易升华的固体有机物。优点是样品在一定温度和真空度下进行干燥，效率高。

知识五　实验预习、实验记录和实验报告

一、实验预习

实验预习是做好实验的关键。只有实验前有充分的准备，才能主动地、有条不紊地进行实验，避免"照方抓药式"的被动局面，减少或消除实验事故，提高实验效果。实验预习有益于培养学生的独立学习、工作能力。

实验预习时，要认真阅读教材的有关内容，熟悉实验的目的要求、基本原理、操作步骤及注意事项，要查阅文献，列出原料和产物的物理常数、性质，要计算合成实验的理论产量，并在预习的基础上，完成预习报告。预习报告的内容如下：

（1）实验目的、原理。

（2）各种原料的用量（质量或体积）。主要原料及产物的物理常数、化学性质，产物的理论产量等。

（3）如有反应，写出已配平的主、副反应方程式。

（4）画出仪器装置图。

（5）写出简明扼要的实验步骤，不要按书照抄。

二、实验记录

实验人员要认真操作，仔细观察，积极思考，并如实记录实验现象和所测得的数据。要养成边实验边记录的习惯，并且需要在专用的笔记本上进行记录，不能随意用零散纸张记录，更不能事后写"回忆录"。遇到反常现象，更要实事求是地记录下来，并把实验条件写清楚，以利于分析原因。原始记录如果写错可以用笔划去，但不能随意涂改。实验完毕，应将实验记录交给老师审阅。

三、实验报告

实验结束后，要分析实验现象，整理有关数据，得出结论，并按一定的格式及时撰写实验报告。撰写实验报告是总结实验进行的情况，分析实验中出现的问题，整理归纳实验结果的一个重要环节，是使学生从感性认识提高到理性思维阶段的必不可少的一步。因此必须认真写好实验报告。实验报告的参考格式如下：

实验报告模板

系部: _____ 课程名称: _____ 日期: _____

专业		学号		组号		实验 地点	
班级		姓名				指导 老师	
实验 名称						成绩 评定	

实验目的要求

实验所用仪器材料

实验原理及内容

实验过程及原始数据记录

实验结果及分析

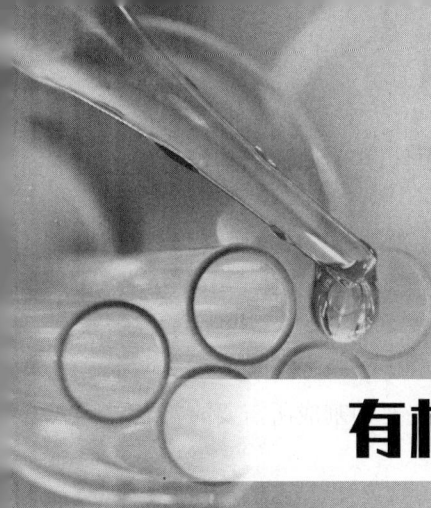

项目三
有机化学实验基本操作

【项目介绍】

在有机化学实验中，经常要用到洗涤、过滤、结晶、干燥、萃取、蒸馏、分馏、升华、玻璃管的简单加工以及仪器的连接等操作，因此必须熟练掌握这些有机化学实验的基本操作。

【学习要求】

1. 了解有机化学实验中常用的基本操作，初步掌握其操作方法。
2. 了解利用萃取、蒸馏、分馏、重结晶及升华等方法分离提纯有机物的基本原理。
3. 初步掌握分离提纯技术的一般过程和操作方法。

任务一　简单玻璃工操作

一、实验目的要求

1.掌握玻璃管的切割、弯曲、拉伸等基本操作。
2.认识并掌握酒精喷灯或煤气灯的使用方法。

二、实验所用仪器

玻璃管、玻璃棒、锉刀、酒精喷灯或煤气灯、石棉网等。

三、基本原理

熟悉简单的玻璃工操作，是有机化学实验必备的基本实验技能之一。在有机化学实验中，经常需要将玻璃管制成各种形状和规格的配件去装配仪器。这些配件，一般由实验者来做，如用玻璃管制作弯管、滴管、毛细管等。

四、实验步骤

（一）玻璃管（棒）的切割

将粗细合适、洗净、干燥的玻璃管加工成各种形状之前，首先要切割成所需要的长度。切割玻璃管常用折断法和点炸法。

1. 折断法

该方法的操作包括两个步骤：一是锉痕，二是折断。

锉痕时如图 3-1-1 所示，把玻璃管平放在实验台的边缘上，左手按住玻璃管要切割的部位，右手持锉刀，将棱锋压在切割点上，用力向前或向后划，左手同时把玻璃管缓慢朝相反方向转动，这样就能在玻璃管上划出一道清晰、细直的凹痕。注意，锉痕时，锉刀不能来回运动，这样会使锉痕加粗，不便折断或折断后断面边缘不整齐。

折断玻璃管时，先在锉痕处滴上水（降低玻璃强度），然后两手分别握住锉痕的两边，将锉痕朝外，两手拇指抵住锉痕的背面，稍稍用力向前推，同时向两端拉（三分推力，七分拉力），这样就可把玻璃管折成整齐的两段。有时为了安全，也可在锉痕的两边包上布后再折断。操作方法如图 3-1-2 所示。

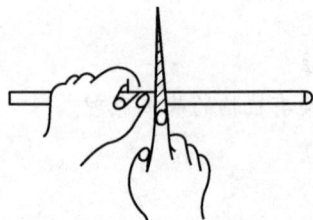

图 3-1-1　玻璃管的锉痕　　　　　　　　　　图 3-1-2　玻璃管的折断

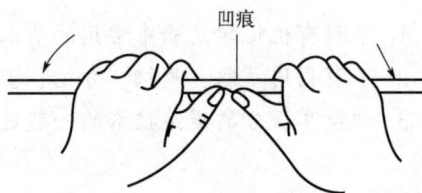

2. 点炸法

如果玻璃管较粗或需要在玻璃管接近管端处截断时，用折断法截断比较困难，可利用玻璃管骤热、骤冷易裂的性质，采用点炸法。点炸法也需先锉痕玻璃管，方法与折断法相同。然后将一端拉细的玻璃棒在灯焰上加热到白炽而成珠状的熔滴，迅速将此玻璃熔滴触压到滴上水的锉痕的一端，锉痕由于骤然强热而炸裂，并不断扩展成整圈，此时玻璃管可自行断开。如果裂痕未扩展成圆圈，可再次熔烧玻璃棒，用熔滴在裂痕的末端引导，重复此操作多次，直至玻璃管完全断开为止。有时裂痕扩展到周长的 90% 后，只要轻轻一敲，玻璃管就会整齐断开。

玻璃棒的切割方法与玻璃管相同。

切割后的玻璃管（棒）断口非常锋利，容易割伤皮肤或损坏橡胶管，也不易插入塞子的孔道，因此必须进行熔光。熔光时，将玻璃管（棒）的断口放在酒精喷灯氧化焰的边缘上转动加热，直到断口熔烧光滑为止。但要注意熔烧时间不能太长，以防口径热缩变形。

（二）玻璃管的弯制

有机化学实验中，经常用到不同弯度的玻璃管。这时，可将玻璃管要弯曲的部位在火焰上端烧软，然后离开火焰，将其弯曲成需要的角度。

弯制玻璃管有快弯和慢弯两种方法。

1. 快弯法

快弯法又叫吹气弯曲法。用棉球堵住玻璃管一端或将玻璃管的一端先烧熔，用镊子（或用已烧熔管端的玻璃管）拽去管头，使玻璃管熔封，待冷却后，两手平持玻璃管，将需要弯曲的部位在小火中来回移动预热，然后在火焰中均匀、缓慢地旋转加热，其加热面应约为玻璃管直径的 3 倍。当烧软到接近流淌的程度，离开火焰，将玻璃管迅速按竖直、弯曲、吹气三个连续动作，弯制成所需要的角度。120°以上的角度，可以一次弯成。较小的锐角可以分几次弯成，先弯成一个较大的角度，然后在第一次受热部位的偏左、偏右处进行第二次加热和弯曲、第三次加热和弯曲，直到弯成所需的角度为止。操作方法如图 3-1-3 所示。

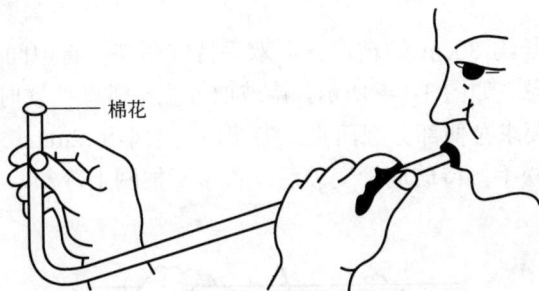

图 3-1-3　快弯法

快弯法能使玻璃管获得较为圆滑的弯曲，需要的时间短，速度快，但初学者不易掌握。

2. 慢弯法

慢弯法又叫分次弯曲法。操作时平持玻璃管，将需要弯曲的部位在火焰上端预热后，再放入氧化焰中加热，受热部位应为 4~5cm 宽，若因灯焰所限，受热面不够宽，可把玻璃管斜放在氧化焰中加热。加热时，要求两手均匀缓慢地向同一方向转动玻璃管，不能向内或向外用力，避免改变管径。当玻璃管加热到适当软化但又不会自动变形时，迅速离开火焰，然后轻轻地顺势弯成一定角度（约20°），如此反复操作，直到弯曲成需要的角度为止。操作方法如图 3-1-4 所示。

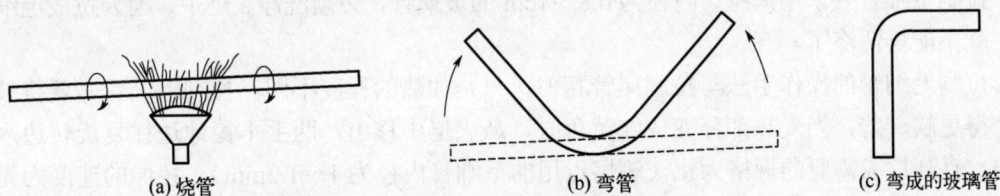

(a) 烧管　　　　　　　　　(b) 弯管　　　　　　　(c) 弯成的玻璃管

图 3-1-4　慢弯法

值得注意的是，当玻璃管弯出一定角度后，再加热时，就须使顶角的内外两侧轮流受热。

同时两手要将玻璃管在火焰上左右往复移动，以使弯曲部位受热均匀。弯管时，不能急于求成，烧得太软，弯得太急，容易出现瘪陷和纠结；若烧得不软，用力过大，则容易折断。

慢弯法操作时间长些，但初学者容易掌握。

弯制合格的玻璃管，从整体上看，应该在同平面内，无瘪陷、扭曲和纠结现象，内径不变。

3. 退火

无论用哪一种方法弯制玻璃管，最后都需进行退火处理。不经退火处理的玻璃管质脆易碎。

退火是将经高温熔烧的玻璃管，趁热在弱火焰中加热或烘烤片刻，并扩大受热面积，然后慢慢地移出火焰，以抵消管内的热膨胀，防止炸裂。经过退火处理的弯管要放在石棉网上自然冷却。不能放在实验台的瓷板上或沾上冷水，以免因骤冷而发生破裂。

（三）玻璃管的拉伸

有机化学实验中，使用的滴管和毛细管都是将玻璃管烧软后拉制而成的。

1. 拉制尾管

取一根直径适当、长约 30cm 的玻璃管，双手持握两端，将中间部位经小火预热后，于火焰中左右往复移动加热，如图 3-1-5 所示，待玻璃管烧至微红变软时，离开火焰，一边往复旋转，一边缓慢拉长。要求拉伸部分圆而直，尖端口径不小于 2mm。要注意，在玻璃管变硬之前，不能停止旋转和松手。待玻璃管变硬后，置于石棉网上冷却，再按所需长度，切割成尾管。

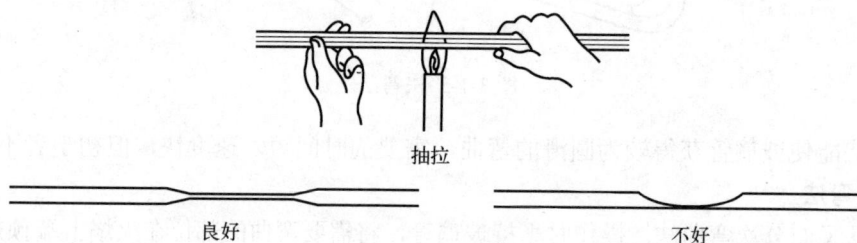

抽拉

良好　　　　　　　　　　　　　　　　　　　不好

图 3-1-5　玻璃管的拉伸

最后将尾管细口端在弱火中熔光。粗口端在强火中均匀烧软后，垂直在石棉网上按下，使其外缘突出，冷却后，装上橡胶乳头，即成一支滴管。

2. 拉制毛细管

拉制毛细管要求用薄壁、内径为 0.8～1cm 的玻璃管，必须洗净、烘干，因为拉成毛细管后，就不能再洗涤了。

拉制毛细管的操作手法与拉制尾管相似，只是加热的程度不同。拉制毛细管需要将玻璃管烧得更软一些，当受热部分变成红黄色时，从火焰中移出，两手平稳地边往复旋转边水平拉伸，直到拉成需要的规格为止（测熔点用的毛细管内径为 1～1.2mm）。拉伸的速度为先慢后快。冷却后，将符合要求的部分用砂片截取 15cm 长，并将两端置于酒精灯的小火焰边缘处在不断转动下熔封。熔封的管底，越薄越好，应避免有较厚的粒点形成。使用时，用砂片从中间轻轻截断，就变成两支测熔点用的毛细管了。

［1］酒精喷灯和煤气灯的使用方法

1. 酒精喷灯的使用方法

酒精喷灯有座式和挂式两种，其中挂式喷灯的用法如下。

（1）装酒精　在酒精贮罐中，用漏斗加入2/3容积的酒精。

（2）排空气　手持酒精贮罐，低于灯座后打开开关，缓慢地将贮罐上提，赶出胶管中的空气，当灯管的喷嘴中有酒精溢出时，关闭开关，将贮罐挂在高处。

（3）预热　开启开关，酒精从喷口溢出，流入预热盆，待将要流满时，关闭开关，点燃预热盆中的酒精进行预热。

（4）点燃　当预热盆中的酒精接近燃完时，开启开关，一般可自行喷出火焰。如果只有气体而无火焰时，可用火柴点燃。

（5）调节　调节灯上开关的螺旋，可控制火焰的大小。

（6）熄灭　用毕，向右旋紧螺丝，即可使火焰熄灭。

座式喷灯的使用方法与挂式喷灯大体相同。

2. 煤气灯的使用方法

使用时，将空气入口关闭，先划着火柴，再打开煤气开关并将灯点燃。然后打开空气开关，逐渐调节空气进入量，直至灯焰分为三层为止。用完关闭煤气开关即可。

用酒精喷灯（或煤气灯）时，应注意下列情况。

（1）火雨　由于灯体预热程度不够，酒精在灯管内没有汽化，点燃时便会以液态喷射而出，形成"火雨"，此时应关闭开关，重新预热后再点燃。

（2）凌空火焰　当酒精蒸气（或煤气）量和空气量均过大时，会在燃烧的火焰与灯管之间形成隔断，产生"凌空火焰"，此时应将开关调小一些。

（3）侵入火焰　当酒精蒸气（或煤气）量较小而空气量较大时，就会发生火焰在灯管内燃烧的现象，即"侵入火焰"，此时应调节空气量并适当加大酒精（或煤气）进入量。

［2］切割玻璃前，应检查锉刀是否锋利，因为只有锋利的锉刀和正确的操作，才能使锉痕细、直、深、长，便于折断。

［3］制成的毛细管管壁非常薄，只需用砂片轻轻划一下，就可以折断，若稍微用力就可能使毛细管破碎，并造成割伤。

思考题

1. 切割玻璃管时，怎样才能使断口整齐？

2. 弯曲或拉伸玻璃管时，玻璃管加热软化的程度有什么不同？

3. 玻璃管在置于氧化焰中加热之前，要先进行预热，加工完毕要进行退火处理，这样做的目的是什么？

4. 加工好的玻璃制品，立即与冷的物体接触，会有什么后果？

任务二　普通过滤操作

一、实验目的要求

1. 学习普通过滤的原理和方法。
2. 掌握固-液混合物的分离、提纯方法。

二、实验所用仪器

铁架台（含铁圈）、漏斗、滤纸、玻璃棒、烧杯等。

三、基本原理

过滤是把不溶于液体的物质与液体进行分离的一种方法，也就是使液体通过滤纸或其他过滤介质，将固体颗粒或悬浮物从液体中分离出来的方法，过滤后留在滤纸上的物质称为滤渣，经过滤纸流下的液体称为滤液。

过滤操作要依据"一贴、二低、三靠"的原则进行操作。

一贴：取一折叠好的滤纸，把圆锥形滤纸的尖端向下放入玻璃漏斗里，然后用手压住滤纸，用蒸馏水润湿滤纸，使滤纸紧贴着漏斗的内壁。滤纸与漏斗内壁之间不能残留气泡。

二低：①滤纸的边缘要低于漏斗的边缘；②滤液的液面要低于滤纸的边缘。若滤液的液面超过滤纸的边缘，滤液会从漏斗与滤纸之间的缝隙流下，没有经过滤纸，达不到过滤效果。

三靠：①玻璃棒下端抵靠在三层滤纸上，防止玻璃棒戳破滤纸；②倾倒时，装溶液的烧杯口紧靠玻璃棒；③漏斗下端斜口最长的一侧紧靠烧杯内壁，使滤液顺利沿着烧杯内壁流下，防止滤液向外飞溅。

四、仪器装置

仪器装置如图 3-2-1 所示。

普通过滤
（二维动画）

五、实验步骤

1. 准备过滤器

取一张圆形滤纸，对折两次，形成 1/4 圆后，用手撑开滤纸，形成圆锥体，圆锥体的一边是三层滤纸，另一边是一层滤纸，如图 3-2-1（a）所示，把圆锥形滤纸的尖端向下放入玻璃漏斗里，然后用手压住滤纸，用蒸馏水润湿滤纸，使滤纸紧贴着漏斗的内壁，且滤纸边缘略低于漏斗边缘。

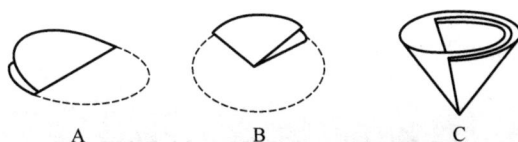

(a) 滤纸的折叠

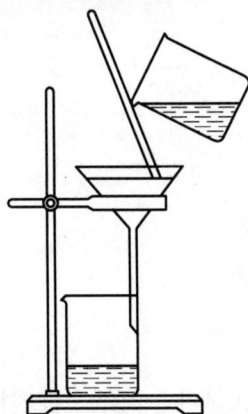

(b) 普通过滤方法

图 3-2-1　普通过滤装置

2. 过滤操作

把过滤器固定在铁架台上的铁圈或漏斗架上，漏斗下端长的那侧管口紧靠烧杯内壁。用玻璃棒慢慢地将烧杯内的液体引流进过滤器内，并将玻璃棒下端抵靠在三层滤纸处。倾倒液体时，烧杯杯口要紧靠在玻璃棒上，如图 3-2-1（b）所示。控制倾倒溶液的速度，漏斗里液体的液面不能超过漏斗的边缘，否则液体将会从滤纸和漏斗壁之间的缝隙流下。

3. 洗涤沉淀

向玻璃漏斗中注入少量蒸馏水，使蒸馏水刚好浸没沉淀物，等水滤出后再次加入少量水洗涤 2~3 次即可把沉淀洗干净。这样就可以将滤渣与滤液进行分离。

4. 拆卸仪器

实验结束，拆卸仪器，清洗干净后将仪器进行归位。

5. 记录数据

记录所需物质的质量。

═══ 实验注意事项 ═══

［1］若有残留气泡，在过滤过程中，气泡会对滤液有阻碍作用，降低过滤速度。

［2］可以洗出滤渣上残留的滤液，减少滤液中物质的损失。

═══ 思考题 ═══

1. 过滤时，漏斗管紧靠烧杯内壁的原因是什么？
2. 过滤后发现滤液仍有浑浊，可能出现的原因有什么？

任务三　减压过滤操作

一、实验目的要求

1. 学习减压过滤的原理和方法。
2. 掌握固-液的分离、提纯方法。

二、实验所用仪器

真空泵、抽滤瓶、安全瓶、布氏漏斗、滤纸、玻璃棒、橡胶管等。

三、基本原理

减压过滤，也称减压抽滤，是有机化学实验中常见的操作，是利用循环水真空泵的负压原理将空气带走，从而使抽滤瓶内压力减小，在布氏漏斗内的液面与抽滤瓶内造成一个压力差。减压过滤不仅提高了过滤的速度，缩短了过滤的时间，还能使沉淀与母液尽量分离，得到较干燥的固体沉淀。

四、仪器装置

仪器装置如图 3-3-1 所示。

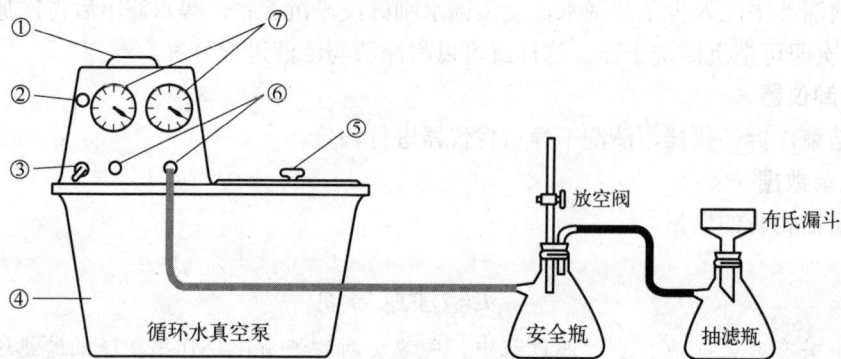

图 3-3-1　减压过滤装置

①电动机；②指示灯；③电源开关；④水箱；⑤水箱盖；⑥抽气管接口；⑦真空表

五、实验步骤

1. 滤纸的准备

修剪滤纸，使其略小于布氏漏斗，但要把漏斗内所有的小孔都覆盖住，并滴加蒸馏水使滤纸与漏斗连接紧密；往滤纸上加少量水或溶剂，打开真空

减压过滤

（二维动画）

泵，吸去抽滤瓶中部分空气，以使滤纸紧贴于漏斗底上，以免在过滤进行时，有固体从滤纸边沿进入滤液中。

2. 仪器的安装

将带有塞子的布氏漏斗安装在抽滤瓶上，并检查布氏漏斗与抽滤瓶之间连接是否紧密。安装时要注意使布氏漏斗的斜口与抽滤瓶的支管相对，如图 3-3-1 所示。再检查循环水真空泵连接口是否漏气。

3. 抽滤过程

抽滤时，是在真空泵阀门开启的情况下，通过玻璃棒将待过滤溶液慢慢引流倒入布氏漏斗内，每次倒入的溶液量不得超过布氏漏斗容积的 2/3，待溶液倒完后，再将沉淀转移到布氏漏斗内。

抽滤过程中，抽滤瓶内的滤液液面不能到达支管的水平位置，否则滤液将被抽出，流入循环水真空泵，如果抽滤瓶内的滤液快达到其支管位置，可将抽滤瓶内的滤液倒出后，再继续抽滤。

抽滤过程中，当漏斗里的固体层出现裂纹时，应用玻璃棒将其压紧，堵塞裂纹，如不压紧会降低抽滤效率。若固体需要洗涤时，可将少量溶剂洒到固体上，静置片刻，再将其抽干。

在停止抽滤时，需先拔掉连接抽滤瓶和泵的橡胶管，再关泵，以防反吸。为了防止反吸现象，一般在抽滤瓶和循环水真空泵之间装上一个安全瓶。

4. 抽滤结束

当过滤操作完毕，从漏斗中取出固体时，可用玻璃棒将滤纸边轻轻揭起，再取下滤纸和沉淀，也可将漏斗倒置，轻轻敲打漏斗边缘或用气吹漏斗下口，将滤纸和沉淀一同吹出，还可以将漏斗从抽滤瓶上取下，左手握漏斗管，倒转，用右手"拍击"左手，使固体连同滤纸一起落入洁净的纸片或表面皿上，揭去滤纸，再对固体做干燥处理。

而溶液应从抽滤瓶上口倒出，且抽滤瓶的支管必须向上。

5. 拆卸仪器

实验结束，拆卸仪器，清洗干净后将仪器进行归位。

6. 记录数据

将干燥后的固体进行称量，记录其质量。

实验注意事项

[1] 当过滤的溶液具有强酸性、强碱性或强氧化性时，要用玻璃纤维代替滤纸或用玻璃沙漏斗代替布氏漏斗。

[2] 在布氏漏斗内洗涤沉淀时，应停止抽滤，让少量洗涤剂缓慢通过沉淀，然后进行抽滤。

[3] 为能将漏斗上的沉淀尽量抽干，可用试剂瓶盖的平顶挤压沉淀。

思考题

1. 减压抽滤的主要特点是什么？
2. 用布氏漏斗和抽滤瓶连接循环水真空泵过滤沉淀后，正确的操作是什么？

任务四　重结晶乙酰苯胺

一、实验目的要求

1. 学习重结晶法提纯固态有机化合物的原理和方法。
2. 掌握抽滤、热滤操作和折叠滤纸的方法。
3. 了解乙酰苯胺的重结晶方法。

二、实验所用仪器

循环水真空泵、抽滤瓶、布氏漏斗、电热套、烧杯、刮刀、玻璃棒、滤纸等。

三、实验所用药品试剂

粗乙酰苯胺 4g，活性炭 0.5g，水 150mL。

四、基本原理

利用混合物中各组分在某种溶剂中的溶解度不同，使它们相互分离。

重结晶时，选择溶剂的基本原则：

（1）与被提纯的有机化合物不起化学反应。

（2）被提纯物质在热溶剂中溶解度要大，冷却时溶解度要小，这样损失少，回收率高。

（3）杂质在热溶剂中不溶解，在热滤时可以除去；或者在冷溶剂中易溶，留在母液中。

（4）溶剂容易挥发，干燥时易与晶体分离，共沸点应低于被提纯物的熔点，否则被提纯物质呈油状析出，固化后含有较多的杂质。

（5）能得到较好的晶体。

（6）溶剂需要廉价易得。

五、仪器装置

仪器装置如图 3-3-1 所示。

六、实验步骤

1. 热溶解

称取 4.0g 粗乙酰苯胺，放入 250mL 大烧杯中，加入 100.0mL 蒸馏水，加热至沸腾，并不时搅拌，直至乙酰苯胺全部溶解。稍冷，加入 0.5g 活性炭于溶液中进行脱色，再次煮沸 5～10min，再补加 20mL 蒸馏水煮沸。

乙酰苯胺在不同温度的水中溶解度如表 3-4-1 所示。

表 3-4-1　乙酰苯胺在不同温度的水中溶解度

温度/℃	20	25	50	80	100
溶解度/ [g/（100mL H₂O）]	0.46	0.56	0.84	3.45	5.5

2. 准备布氏漏斗

取布氏漏斗，向其中放入事先裁剪好的略小于漏斗底部的圆形滤纸，且此滤纸需要盖没漏斗上的所有小孔。安装时要注意使布氏漏斗的斜口与抽滤瓶的支管相对，如图 3-3-1 所示。安装好抽滤设备后，用事先准备好的热水润湿滤纸，开泵抽气使滤纸紧贴漏斗底部。

3. 热过滤

将热溶液用玻璃棒引流倒入布氏漏斗，倒入布氏漏斗的溶液量不可超过布氏漏斗容量的2/3，但也不需要等溶液抽干再续加溶液。当过滤操作完毕后，将滤纸上吸出的大量晶体，用少量热水冲洗，但水量不宜过多。

4. 析出结晶

将抽滤瓶中的滤液倒入烧杯，在室温下静置冷却，这时结晶逐渐析出完全，将析出晶体的冷溶液在室温下再次进行抽滤，以除去母液中溶解度较大的杂质，抽干，用玻璃棒将晶体固块儿挑松，将晶体表面残留的母液再用很少量的水均匀地洒在晶体上进行洗涤，使水能恰好盖住晶体，再次抽干。

5. 收集晶体

从漏斗上取下滤纸和晶体固块儿，再用刮刀将滤纸上的固块刮下，置于干净的表面皿上干燥。

6. 仪器归位

实验结束，将仪器清洗干净，进行归位。

7. 记录数据

将干燥的固体物质进行称量，记录重量。

七、数据处理

称量回收固体重量_____g，并计算回收率。

$$回收率 = \frac{回收量}{总量} \times 100\%$$

注：总量为 4.0g

<hr>

实验注意事项

[1] 如把活性炭加入正在沸腾的溶液中，会造成暴沸现象。

[2] 晶体的大小与冷却的条件有关。如将滤液浸在冷水中快速冷却或者在冷却时振摇溶液，这样形成的晶体很细；如果在静置下缓慢冷却，可得到较大的晶体。

1．重结晶时，选择溶剂的基本原则是什么？
2．重结晶时，加入的溶剂量应怎样正确控制？
3．用有机溶剂重结晶时，在哪些操作环节容易着火？应如何防止？

任务五　升华樟脑

一、实验目的要求

1．了解升华的原理、意义。
2．学习实验室常用的升华方法。
3．掌握固态物质的分离、提纯方法。

二、实验所用仪器

蒸发皿、玻璃漏斗、酒精灯、托盘天平、刮刀、铁架台、铁圈、棉花、滤纸等。

三、实验所用药品试剂

樟脑：0.3g。

四、基本原理

升华的定义：固体物质不经过液态而直接变为蒸气，蒸气遇冷又直接变为固体的过程称为升华。

基本原理：利用固体的不同蒸气压使难挥发的杂质从易升华的物质中除去，从而达到分离提纯的目的。这里的易升华物质是指在其熔点以下就有较高蒸气压（高于 2.63kPa）的固体物质，如果它与所含杂质的蒸气压有显著差异，则分离提纯效果为良好。如果在常压下升华的效果较差，则可在减压下进行升华。升华的优点是不用溶剂，产物纯度高，但损失较大，因此实验室里一般用于较少量（1～2g）化合物的纯化。

以含杂质樟脑的升华为例，樟脑在 160℃时，蒸气压为 29.17 kPa，故它在受热温度达到熔点之前就有很高的蒸气压，只要慢慢加热，樟脑就可以在熔点以下不经过熔化直接变为蒸气，蒸气遇冷即成为固体，其蒸气压一直维持在 49.33 kPa 以下，直至樟脑蒸发完为止，残留的则是难挥发的杂质。樟脑的温度和蒸气压的关系如表 3-5-1 所示。

表 3-5-1　樟脑的温度和蒸气压的关系

樟脑 （熔点 179℃）	温度/℃	20	60	80	100	120	160	179
	蒸气压/ kPa	0.02	0.07	1.22	2.73	6.41	29.17	49.33

五、仪器装置

常用的常压升华装置如图 3-5-1 所示。

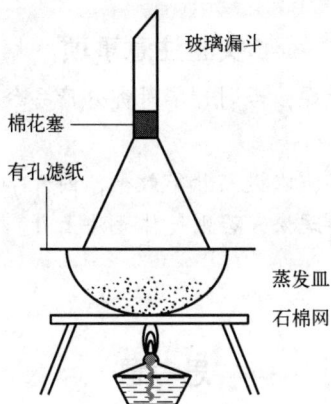

图 3-5-1　常压升华装置

六、实验步骤

1. 称量樟脑

称取 0.3g 干燥、研细的樟脑，均匀地铺放在瓷蒸发皿中。

升华（视频）

2. 准备滤纸

取一张圆形滤纸，圆形滤纸直径要大于瓷蒸发皿的直径，在滤纸中心部位均匀地刺上十余个小孔，孔径越细越好，将其盖在瓷蒸发皿上，孔刺向上，其中刺孔部分的滤纸直径要小于蒸发皿的直径和漏斗的直径。

3. 准备漏斗

选择合适的玻璃漏斗，其直径要小于蒸发皿，漏斗颈部塞上蓬松的棉花，以减少蒸气逸出，最后将塞好棉花的漏斗倒盖在滤纸上面，如图 3-5-1 所示。

4. 加热

将准备好的常压升华装置放到石棉网上，用酒精灯开始小火加热，逐渐升高温度，控制温度低于升华物质的熔点，使其慢慢升华。当蒸气通过滤纸小孔后，再冷凝为晶体，附着在滤纸上或漏斗内壁。当升华结束（滤纸变黄），先撤去酒精灯，再将蒸发皿冷却至室温后，小心地取下漏斗和滤纸。

5. 称量

用刮刀将漏斗和滤纸上面附着的晶体轻轻刮下，置于洁净的表面皿上，即可得到纯净的产物，再进行产品的质量称量。

6. 仪器归位

实验结束，将仪器清洗干净，进行归位。

七、数据处理

称量回收物重量____ g，并计算回收率。

$$回收率 = \frac{回收量}{总量} \times 100\%$$

注：总量为 0.3g

实验注意事项

［1］样品升华前要充分干燥，否则升华时部分产品会随水蒸气一起挥发出来，影响分离效果。

［2］待升华物应事先研碎，以提高升华效率，因升华发生在物质的表面。

［3］漏斗颈部所塞棉花要疏松，否则气体无法上升。

思考题

1. 怎样判断常压下升华的樟脑已经升华完毕？
2. 加热结束，可否立马取下漏斗、滤纸？

任务六　萃取碘溶液中的碘

一、实验目的要求

1. 学习萃取的原理和方法。
2. 认识分液漏斗，并学会使用分液漏斗。

二、实验所用仪器

分液漏斗、量筒、铁架台、铁圈、锥形瓶等。

三、实验所用药品试剂

四氯化碳：15mL，0.01mol/L；碘水：5mL。

四、基本原理

萃取的定义：用溶剂从固体或液体混合物中提取所需要的物质，这个过程称为萃取，萃取通常分为液-液萃取和液-固萃取。

基本原理：对于液-液萃取而言，其原理是利用物质在两种互不相溶（或微溶）的溶剂中的溶解度的不同，使物质从一种溶剂转移到另一种溶剂中，从而达到将物质提取出来的目的。

对于液-固萃取而言，其萃取原理是利用固体样品中被提取的物质和杂质在同一溶液中溶解度的不同，而达到分离和提取的目的。

萃取时，选择溶剂的基本原则如下：

（1）萃取溶剂对被提取物有较大的溶解度，并且与原溶剂不相溶或微溶。

（2）两溶剂之间的相对密度差异较大，有利于更好地分层。

（3）化学稳定性好，与原溶剂和被提取物都不反应。

（4）沸点较低，萃取后易于用常压蒸馏回收。此外，也应考虑廉价、毒性小、不易着火等条件。

五、仪器装置

仪器装置如图 3-6-1 所示。

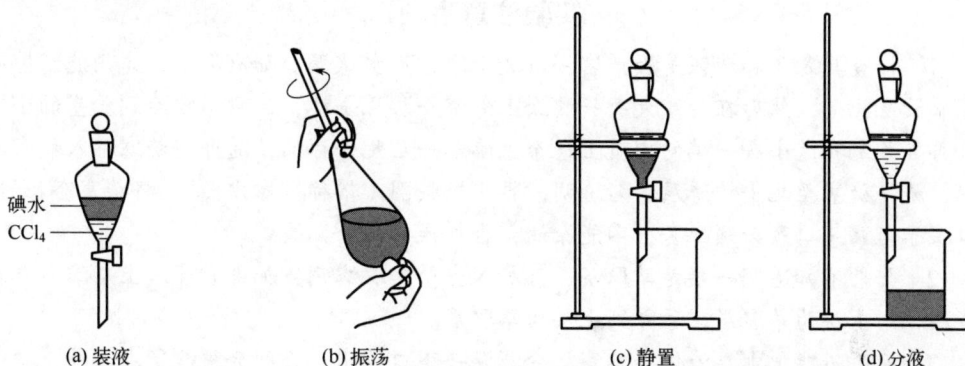

图 3-6-1 萃取装置

六、实验步骤

本实验以四氯化碳从碘水中萃取碘为例来说明实验步骤。

萃取
（二维动画）

1. 一次萃取法

（1）准备分液漏斗 选择容量适当的分液漏斗，溶液的总体积占分液漏斗总容量的 1/2 左右，但不能超过 2/3，确认分液漏斗不漏后，将分液漏斗放在铁的架台上的铁圈上，关闭旋塞。

（2）加料萃取 用量筒量取 5.0mL 碘水和 15.0mL 四氯化碳于分液漏斗中。因为四氯化碳的密度大于碘水的密度，所以分液漏斗中的下层是四氯化碳，上层是碘水，如图 3-6-1 所示。

用右手握住分液漏斗上口颈部，手掌压紧塞子，左手的拇指和食指捏住旋塞柄，中指垫在塞座下面，这样可以灵活地开启和关闭旋塞，又能防止振荡分液漏斗时，旋塞转动或脱落。振荡后，使分液漏斗处于倾斜状态，下口向上并指向无人和无明火处，开启旋塞，放出产生的气体，使漏斗内外压力平衡。然后关闭旋塞、振荡、放气，重复数次，把分液漏斗重新放回铁圈上，静置分层。当液体分成清晰的两层以后，打开分液漏斗上口的塞子或旋转塞子使塞子上的凹槽对准漏斗上口颈部的小孔，以便与大气相通。然后慢慢转动漏斗下面的旋塞，仔细地将下层液体放到锥形瓶或烧杯中，当上下两层液体的界面下降到接近旋塞时，关闭旋塞，稍加旋摇，静置，再仔细地放出下层液体，然后将上层液体从分液漏斗的上口倒入另一个容器中。这样，萃取溶剂便带着被萃取物从原混合物中分离出来，即碘从水相转移到四氯化碳相。

2. 多次萃取法

用量筒量取 5.0mL 碘水和 5.0mL 四氯化碳于分液漏斗中，如上述方法萃取，分去四氯化碳层。水溶液再用 5.0mL 四氯化碳萃取，再分出四氯化碳层，再用 5.0mL 四氯化碳萃取。如此前后反复三次。将几次的四氯化碳萃取液放到同一个锥形瓶中。这样，萃取溶剂便带着被萃取物从原混合物中分离出来，即碘从水相转移到四氯化碳相。

最后将所有仪器洗净、归位。

七、数据处理

观察萃取前后水相和四氯化碳相的颜色变化，并说明原因。

实验注意事项

［1］检查其塞子和旋塞是否严密，清洗干净，用水试漏。如有漏水，先用滤纸擦净旋塞和旋塞孔道，然后在旋塞大头一端涂上薄薄一层凡士林，注意不要涂到旋塞的小孔中，再在旋塞孔道小头一端的内壁上也涂上薄薄一层凡士林油，随即将旋塞插入旋塞孔道中，旋转旋塞至凡士林薄层均匀透明，再用橡胶圈（俗称"橡皮圈"）将旋塞套扎好，上口塞子与漏斗口颈必须配套，不能涂油，否则操作时会漏液。

［2］如果不知道哪一层是萃取层，可加入少量萃取溶剂，如果它穿过上层溶液，融入下层，则下层为萃取层，反之则上层为萃取层。

［3］绝对不能把上层液体经旋塞从分液漏斗下口放出，否则会被残留在漏斗下口颈内的下层液体污染。从分液漏斗中分离出的上下两层液体要分别保存好，在实验完成以前不能随便丢弃，这样如果万一在实验过程中发生差错，还可补救。

思考题

1. 两种不相溶的液体在同一分液漏斗时，相对密度大的会在哪一层？
2. 分液时，上层液体是否可以从漏斗下口放出？为什么？

任务七　常压蒸馏乙醇和水的混合物

一、实验目的要求

1. 了解不同沸点液态物质的分离提纯方法。
2. 掌握蒸馏实验的基本操作原理。
3. 掌握玻璃仪器的装配、拆卸等基本操作技能。

二、实验所用仪器

圆底烧瓶（或平底烧瓶）、蒸馏头、温度计、冷凝管、接引管、接收瓶（烧瓶或锥形瓶）、电热套、量筒、铁架台、铁夹、沸石等。

三、实验所用药品试剂

95%乙醇：20mL；水：20mL。

四、基本原理

蒸馏的定义：将液体加热至沸，使其变成蒸气，然后再将蒸气冷凝为液体的操作过程称为蒸馏。它是分离、提纯液体有机化合物最常用的方法之一。

沸点的定义：液态物质的蒸气压与其所处体系的压力相等时的温度。物质处于沸点时，液态物质沸腾，液态与气态平衡。纯净的液态物质在一定的压力下具有一定的沸点，一般不同的物质具有不同的沸点。

沸程的定义：始馏温度到终馏温度的范围；沸程范围反映液态物质的纯度。纯液态化合物在蒸馏过程中，沸程范围很小，一般为 $0.5 \sim 1℃$。

基本原理：纯的液态物质在一定的压力下具有确定的沸点。蒸馏操作就是利用不同物质的沸点差异，对液态混合物进行分离、纯化。蒸馏液态混合物时，由于低沸点物质比高沸点物质更易汽化，故沸腾时所生成的蒸气中含有较多的低沸点物质。当蒸气冷凝为液体时（即馏分），其组成与蒸气的组成相同，故先蒸出的主要是低沸点组分。随着低沸点组分的蒸出，混合液中高沸点组分的比例增高，致使混合液的沸点也随之升高，当温度升至相对稳定时，则主要会流出高沸点组分。借此，可部分或全部分离液态混合物中的各组分。而只有液态混合物中各组分的沸点相差在 $30℃$ 以上时，通过蒸馏方法，才可获得较好的分离效果。

五、仪器装置

仪器装置如图 3-7-1 所示。

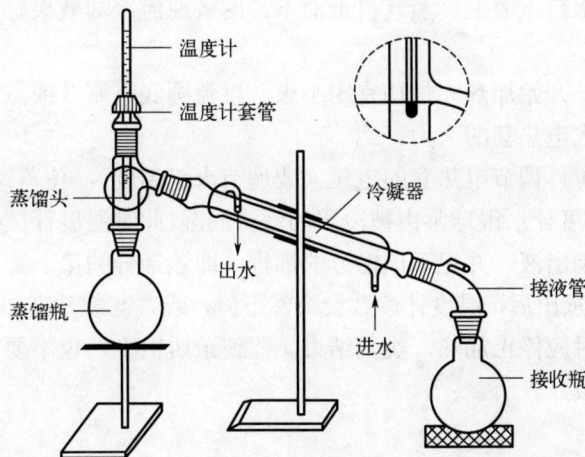

图 3-7-1　常压蒸馏装置

六、实验步骤

1. 添加物料

用量筒准确量取 20.0mL 95%乙醇，20.0mL 水，通过长颈玻璃漏斗倒入 100mL 圆底烧瓶（或蒸馏烧瓶），投入 1～2 粒沸石。

常压蒸馏
（视频）

2. 安装仪器

顺序为先下后上，先左后右（或从下向上，从头到尾）。

（1）固定圆底烧瓶（或蒸馏烧瓶）、蒸馏头

选择铁架台，将铁架台整齐地置于仪器的背面，再用铁夹子夹住装好物料的圆底烧瓶颈部，如图 3-7-1 所示，夹得不能太紧，圆底烧瓶能轻微转动为宜，再调节圆底烧瓶高度：圆底烧瓶（或蒸馏烧瓶）不要直接接触电热套的底部，要有一定的空隙，避免局部过热（易炭化的化合物，局部过热就会炭化，烧瓶底部变黑，不易清洗），再在圆底烧瓶上方固定蒸馏头。

（2）安装温度计

调节温度计的位置：温度计水银球上限应与蒸馏头（或蒸馏烧瓶）侧管的下限在同一水平线上，以保证在蒸馏时水银球完全被蒸气所包围，使测得的沸点准确。

（3）固定冷凝管

将直形冷凝管用另一个铁架台固定。先调节冷凝管的角度，通过调节铁夹子的位置，使冷凝管与蒸馏头（或蒸馏烧瓶）的支管平行。再调节冷凝管的高度，使之与蒸馏头（或蒸馏烧瓶）的侧管同轴。松开铁夹，将冷凝管与蒸馏头连接。

（4）连接接引管、接收瓶

进行蒸馏前至少要准备两个接收瓶，一个接收前馏分（或称馏头，先蒸出的沸点较低的液体），另一个接收所需馏分。

（5）通水

用乳胶管将冷凝管的进出水连接好，冷凝水应从下口进入，自上口流出引入水槽中，并使下端进水口朝下，上端出水口朝上，保证冷凝管套管中充满水。打开水龙头，冷水缓缓通入冷凝管中，注意冷水自下而上，蒸气自上而下，两者逆流冷却效果好。

3. 进行蒸馏

待一切准备就绪，开始加热。最初宜用小火，以免圆底烧瓶（或蒸馏烧瓶）因局部受热而破裂。然后慢慢增大电热套的火力。

当液体开始沸腾时，调节电热套的电压（或调节火焰温度），使蒸馏速度以 1～2 滴/s 为宜。蒸馏过程中应使温度计水银球常由被冷凝的液滴润湿，此时温度计读数就是液体的沸点，收集所需温度范围的馏出液，并记下该馏分的沸程（即该馏分的第一滴和最后一滴时温度计的读数）。在所需馏分蒸出后，温度计读数会突然下降，或者继续升高加热温度，温度计的读数会显著上升时，此时应停止加热，实验结束。即使杂质很少，也不要蒸干，以免蒸馏烧瓶破裂发生其他意外事故。

4. 拆卸仪器

实验结束，应先停止加热，后停止通水，然后开始拆卸仪器，其顺序与装配时相反，并将仪器清洗干净，进行归位。

5. 记录数据

用量筒量取馏分体积，记录数据，并将馏分倒入指定容器中进行回收。

七、数据处理

（1）收集馏分的沸程＿＿＿℃。

（2）收集馏分的体积＿＿＿ mL，并计算回收率。

$$回收率 = \frac{馏分体积 \times 馏分密度}{95\%乙醇体积 \times 95\%乙醇密度 + 水体积 \times 水密度} \times 100\%$$

注：馏分的密度为无水乙醇在实验室温度下的密度。

实验注意事项

［1］圆底烧瓶（或蒸馏烧瓶）大小的选择依据待蒸馏液体的量而定。通常，待蒸馏液体的体积占蒸馏烧瓶体积的 1/3～2/3。

［2］沸石是一种多孔性的物质。当液体受热沸腾时，沸石内的小气泡就成为汽化中心，使液体保持平稳沸腾。如果蒸馏已经开始，但忘了投沸石，此时千万不要直接投放沸石，以免引发暴沸。正确的做法是，先停止加热，待液体稍冷片刻后再补加沸石。

［3］当待蒸馏液体的沸点在 140℃以下时，应选用直形冷凝管；沸点在 140℃以上时，就要选用空气冷凝管，若仍用直形冷凝管则易发生爆裂。

思考题

1. 蒸馏时，如果加热后才发现未加入防爆剂（沸石），应该怎样处理？

2. 当温度计水银球上端在蒸馏头（或蒸馏烧瓶）支管底边的水平线以上或以下时，所测数据会有什么误差？

3. 蒸馏时为何馏出速度不能太快？

任务八　减压蒸馏乙二醇

一、实验目的要求

1. 了解减压蒸馏的原理和意义。

2. 认识减压蒸馏的主要仪器设备。

3. 掌握减压蒸馏装置的安装与操作，熟悉压力计的使用方法。

4. 学会利用减压蒸馏，提纯乙二醇的方法。

二、实验所用仪器

圆底烧瓶（或平底烧瓶）、克氏蒸馏头、直形冷凝管、接引管、接收瓶、安全瓶、减压泵、水银压力计、温度计、毛细管、螺旋夹等。

三、实验所用药品试剂

工业乙二醇：60mL。

四、基本原理

减压蒸馏是指在较低的压力下进行的蒸馏操作。液体物质的沸点是随外界压力的降低而降低的，利用物质的这一性质，如果借助于真空泵降低系统内压力，就可以降低液体的沸点，这便是减压蒸馏操作的理论依据。减压蒸馏是分离和提纯有机化合物的常用方法之一。

减压蒸馏时物质的沸点与压力有关，一般的有机化合物，当压力降低到 1.3～2.0kPa（10～15mmHg）时，许多有机化合物的沸点可以比其常压下的沸点低 80～100℃。因此，减压蒸馏特别适用于分离、提纯那些沸点较高，稳定性较差，在常压下蒸馏容易发生氧化、分解、聚合反应的有机化合物。

乙二醇，俗称甘醇，是略带甜味的无色黏稠液体，沸点为 197.2℃，常用作高沸点溶剂和防冻剂，也用于制备树脂、增塑剂、合成纤维、化妆品和炸药等。因其沸点较高，一般采用减压蒸馏的方法加以分离提纯。本实验将体系压力减至（20～30）×133Pa，收集 92～100℃的馏分，即可得到纯净的乙二醇。

五、仪器装置

减压蒸馏装置通常由蒸馏部分、减压装置、测压装置、安全保护装置等部分组成。

1. 蒸馏部分

蒸馏部分与普通蒸馏装置相似，所不同的是需要使用克氏蒸馏头。使用克氏蒸馏头的目的是避免减压蒸馏时液泛对蒸馏的影响，比常压蒸馏头多出的支管可以起到缓冲作用。克氏蒸馏头的直管口插入一根末端拉成毛细管的厚壁玻璃管，毛细管下端距瓶底 1～2mm。玻璃管上端连有一段带螺旋夹的橡胶管。螺旋夹用以调节进入体系中空气的量，在减压状态下，持续进入体系的微小气泡可以作为液体沸腾的汽化中心，防止暴沸，使蒸馏平稳进行。温度计安装在克氏蒸馏头的侧管中，其位置与普通蒸馏相同。在减压蒸馏操作中，一定不要加入沸石，沸石在减压条件下不但不能起到汽化中心的作用，反而会引起液泛。

接收器可用耐压的蒸馏瓶或抽滤瓶，但不能使用平底烧瓶或锥形瓶，否则由于受力不均容易炸裂。蒸馏时可以使用多尾接液管，多尾接液管的几个分支管与多个圆底烧瓶连接起来。转动多尾接液管，就可使不同的馏分进入指定的接收瓶中。

减压蒸馏的热源最好用水浴或油浴，因为水或浴油具有一定的热容量，能够起到缓冲的作用，使烧瓶受热平稳。蒸馏时应控制热浴的温度，使它比液体的沸点高 20～30℃。如果蒸馏的少量液体沸点较高，特别是在蒸馏低熔点的固体时，可以不使用冷凝管。

2. 减压装置及安全保护装置

实验室通常用水泵或油泵对体系抽真空进行减压。水泵能使系统压力降低到 $2.0 \sim 3.3$ kPa。水温越低，系统真空度越高，如果气温较高，可以在水泵中加入适量冰块来降低水温，从而获得较高的真空度。

使用油泵，能达到较高的真空度。油泵能使系统压力降低到 $0.26 \sim 0.53$ kPa。油泵的效能取决于油泵的机械结构以及油的好坏。油泵结构较精密，使用条件严格，蒸馏时要做好油泵的保护。蒸馏时，如果有挥发性的有机溶剂、水或酸的蒸气，都会损坏油泵。挥发性的有机溶剂蒸气被抽吸后，就会增加油的蒸气压，影响真空度。而酸性蒸气会腐蚀油泵的机件。水蒸气凝结后与油形成浓稠的乳浊液，也会影响油泵的正常工作。

使用不同的减压设备，其保护装置也不相同。利用水泵进行减压时，只需在接收器、水泵和压力计之间连接一个安全瓶，防止水倒吸，瓶上装配二通活塞，以供调节系统压力及放入空气解除系统真空用。

利用油泵进行减压时，为了防止易挥发的有机溶剂、酸性物质和水汽对油泵的影响，必须在接收器、压力计和油泵之间依次连接安全瓶、冷阱和几种吸收塔，以免污染泵油，使真空度降低。冷阱置于盛有冷却剂的广口保温瓶中，冷却剂的选择随需要而定，例如可用冰-水、冰-盐、干冰与丙酮等。常用的吸收塔有无水氯化钙（或硅胶）吸收塔，用于吸收水分；氢氧化钠吸收塔，用于吸收挥发性酸；石蜡片吸收塔，用于吸收烃类气体。所有吸收塔都应采用粒状填充物，以减少压力损失。当然，根据被蒸馏液体性质的不同，也可以用其他的保护装置，如蒸馏苯胺时就可以用装有浓硫酸的洗气瓶作为保护装置。

3. 测压装置

实验室通常采用水银压力计来测量减压系统的压力。水银压力计分开口式和封闭式两种。

开口式水银压力计，其两臂汞柱高度之差，就是大气压力与系统中压力之差，因此蒸馏系统内的实际压力（真空度）等于大气压减去汞柱差值。这种压力计准确度较高，容易装汞，但操作不当，汞易冲出，安全性较差。

封闭式水银压力计，其两臂汞柱高度之差即为蒸馏系统内的真空度。这种压力计读数方便，操作安全，但有时会因空气等杂质混入而影响其准确性。

仪器装置如图 3-8-1 所示。

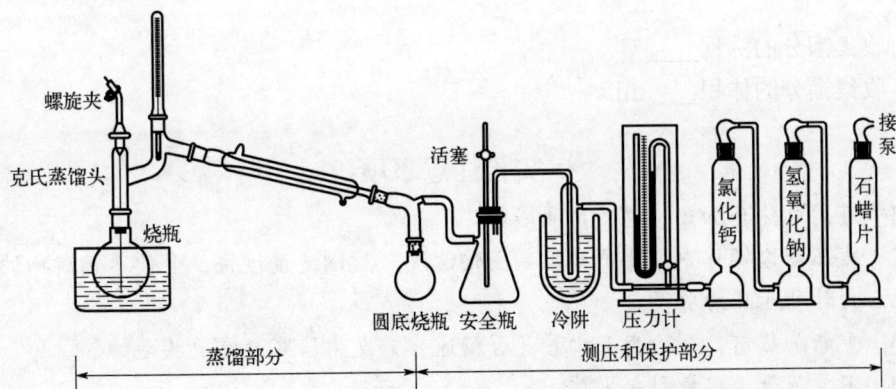

图 3-8-1　减压蒸馏装置

六、实验步骤

1. 安装仪器

按图 3-8-1 安装减压蒸馏装置，装置中各连接部位可涂少量凡士林，以防止漏气。蒸馏前，首先检查装置的气密性。先旋紧毛细管上的螺旋夹，再开动减压泵，然后逐渐关闭安全瓶上的活塞，观察能否达到要求的压力。若达不到需要的真空度，应检查装置各连接部位是否漏气，必要时可在塞子、胶管等连接处进行蜡封。若超过所需的真空度，可小心旋转活塞，缓慢引入少量空气，加以调节。当系统压力符合要求后，慢慢旋开活塞，放入空气，直到内外压力平衡，再关减压泵。

2. 添加物料

在圆底烧瓶中加入 60mL 工业乙二醇。关闭安全瓶上的活塞，开启减压泵。然后调节毛细管上的螺旋夹，空气进入烧瓶，使烧瓶内工业乙二醇能冒出一连串的小气泡为宜。

3. 进行蒸馏

当系统压力达到约 $20 \times 133Pa$ 并稳定后，开通冷却水，用适当热源进行加热。液体沸腾后，记录第一滴馏出液滴入接收器时的温度和压力。调节热源，控制蒸馏速度为 $1 \sim 2$ 滴/s。当馏出液蒸出约 30mL 时，再记录此时的温度和压力。然后移去热源，缓缓旋开安全瓶上的活塞，调节压力到约 $30 \times 133Pa$，重新加热蒸馏，记录第一滴馏出液滴入接收器和蒸馏接近完毕时的温度和压力。

蒸馏完毕，先移去热源，慢慢松开螺旋夹，逐渐旋开安全瓶上的活塞，压力计的汞柱缓慢恢复原状，若活塞开得太快，汞柱上升太快，有时会冲破压力计，待装置内外压力平衡后，关闭减压泵，再停止通入冷却水，结束蒸馏。

4. 拆卸仪器

实验结束，开始拆卸仪器，其顺序与装配时相反，并将仪器清洗干净，进行归位。

5. 记录数据

用量筒量取馏分体积，记录数据，并将馏分倒入指定容器中进行回收。

七、数据处理

（1）收集馏分的沸程____℃
（2）收集馏分的体积____mL。

实验注意事项

［1］可用电热套加热，也可用油浴加热。

［2］减压蒸馏操作中，要严格控制蒸馏速度。蒸馏速度过快，会使蒸馏瓶内的实际压力比压力计所示压力要高。

［3］重新加热前，先检查毛细管是否畅通，若发生堵塞，需更换毛细管。

［4］不要蒸干，以免引起爆炸。

1. 减压蒸馏适用于分离提纯哪些物质？
2. 若减压蒸馏装置的气密性达不到要求，应采取什么措施？
3. 使用水泵进行减压蒸馏时，应采取什么预防措施？
4. 使用油泵进行减压蒸馏时，要有哪些吸收和保护装置？其作用是什么？
5. 减压蒸馏时，为什么必须先抽气后加热？蒸馏结束时，为什么必须先停止加热，撤去热源，然后停止抽气？其顺序能否颠倒？为什么？

任务九　分馏乙醇和水的混合物

一、实验目的要求

1. 了解分馏的原理和意义。
2. 了解分馏柱的种类和选用方法。
3. 掌握分馏实验的基本操作方法。
4. 掌握玻璃仪器的装配、拆卸等基本操作技能。

二、实验所用仪器

圆底烧瓶、分馏柱、温度计、直形冷凝管、接引管、接收器（锥形瓶）、量筒、电热套、铁架台、铁夹等。

三、实验所用药品试剂

95%乙醇：20mL；水：20mL。

四、基本原理

分馏的定义：分馏是利用分馏柱使沸点差较小的液体混合物进行多次汽化-冷凝，以达到分离不同组分的目的的过程。

基本原理：分馏的基本原理与蒸馏类似，不同之处就是在装置上多安装一个分馏柱，使汽化、冷凝的过程由一次改为多次进行，简单地说，就是将沸腾着的混合物蒸气进行一系列的热交换而将沸点不同的物质分离出来。分馏就是多次蒸馏。

五、仪器装置

仪器装置如图 3-9-1 所示。

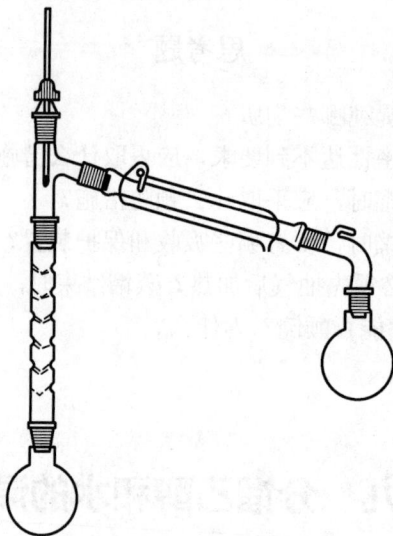

图 3-9-1 分馏装置

六、实验步骤

1. 添加物料

用量筒准确量取 20.0mL 95%乙醇、20.0mL 水，通过长颈玻璃漏斗倒入 100mL 圆底烧瓶（或蒸馏烧瓶）中，投入 1~2 粒沸石。

分馏（视频）

2. 安装仪器

顺序为先下后上，先左后右（或从下向上，从头到尾）。

（1）固定圆底烧瓶 选择铁架台，将铁架台整齐地置于仪器的背面，再用铁夹子夹住圆底烧瓶颈部，如图 3-9-1 所示，且铁夹子不能将圆底烧瓶夹得太紧，能轻微转动为宜，再调节圆底烧瓶的高度，圆底烧瓶不要直接接触电热套的底部，要有一定的空隙，避免局部过热（易碳化的化合物，局部过热就会碳化，烧瓶底部变黑，不易清洗）。

（2）安装分馏柱 用夹子固定好分馏柱，分馏柱必须垂直于圆底烧瓶。为了使分馏效果更好，可以在分馏柱外缠绕石棉绳或其他保温材料。

（3）安装温度计 调节温度计的位置，温度计水银球上限应与分馏柱侧管的下限在同一水平线上，以保证在分馏时水银球完全被蒸气所包围，使测得的沸点准确。

（4）固定冷凝管 将冷凝管用另一个铁架台固定。先调节冷凝管的角度，通过调节铁夹子的位置，使冷凝管与分馏柱侧管的支管平行。再调节冷凝管的高度，使之与分馏柱的侧管同轴。松开铁夹，将冷凝管与分馏柱侧管连接。

（5）连接接引管、接收瓶 进行分馏实验前至少要准备两个接收瓶，一个接收前馏分或称馏头（先蒸出的沸点较低的液体），另一个接收所需馏分。

（6）通水 用乳胶管将冷凝管的进出水连接好，冷凝水应从下口进入，自上口流出，引入水槽中，并使冷凝管下端进水口朝下，上端出水口朝上，保证冷凝管套管中充满水。打开水龙头，冷水缓缓通入冷凝管中，注意冷水自下而上，蒸气自上而下，两者逆流冷却效果好。

整套仪器安装完，无论从正面或侧面观察，整套装置的轴线都要处于同一平面内。也就是要做到"横平竖直""横看一个面，竖看一条线"的要求。

3. 进行分馏

待一切准备就绪，开始加热。最初宜用小火，以免圆底烧瓶因局部受热而破裂。慢慢增大电热套的火力。当液体开始沸腾，调节电热套的电压（或调节火焰温度），使蒸馏速度以1～2 滴/s 为宜。蒸馏过程中应使温度计水银球常由被冷凝的液滴润湿，此时温度计读数就是液体的沸点，收集所需温度范围的馏出液，并记录下该馏分的沸程（即该馏分的第一滴和最后一滴时温度计的读数）。在所需馏分蒸出后，温度计读数会突然下降，或者继续升高加热温度，温度计的读数会显著上升时，应停止加热，实验结束。即使杂质很少，也不要蒸干，以免蒸馏烧瓶破裂发生其他意外事故。

4. 拆卸仪器

当实验结束，应先停止加热，后停止通水，然后开始拆卸仪器，其顺序与装配时相反，并将仪器清洗干净，进行归位。

5. 记录数据

用量筒量取馏分体积，记录数据，并将馏分倒入指定容器中进行回收。

七、数据处理

（1）收集馏分的沸程____℃

（2）收集馏分的体积____ mL，并计算回收率。

$$回收率 = \frac{馏分体积 \times 馏分密度}{95\%乙醇体积 \times 95\%乙醇密度 + 水体积 \times 水密度} \times 100\%$$

注：馏分的密度为无水乙醇在实验室温度下的密度。

实验注意事项

［1］圆底烧瓶（或蒸馏烧瓶）大小的选择依据待蒸馏液体的量而定。通常，待蒸馏液体的体积占蒸馏烧瓶体积的1/3～2/3。

［2］沸石是一种多孔性的物质。当液体受热沸腾时，沸石内的小气泡就成为汽化中心，使液体保持平稳沸腾。如果蒸馏已经开始，但忘了投入沸石，此时千万不要直接投放沸石，以免引发暴沸。正确的做法是，先停止加热，待液体稍冷片刻后再补加沸石。

［3］如果馏出液速度过快，分离效果会变差，产物纯度下降。但也不宜太慢，而使上升的蒸气时断时续，造成馏出温度波动。

思考题

1. 分馏装置中的分馏柱为什么要尽可能垂直？
2. 分馏柱的长短对分馏效果有无影响？

3. 若加热太快，馏出液速度超过一般要求，用分馏方法分离两种液体的能力会显著下降，为什么？

任务十　测定萘的熔点——微量法

一、实验目的要求

1. 了解测定熔点的意义。
2. 掌握测定熔点的基本操作方法——微量法。
3. 掌握熔点测定实验的基本操作过程。

二、实验所用仪器

齐列管（Thiele 管、b 形管）、温度计、橡胶塞（俗称"橡皮塞"）、毛细管、长玻璃管、酒精灯、橡胶圈、铁架台、铁夹、研钵、表面皿等。

三、实验所用药品试剂

萘：0.1～0.2g。

四、基本原理

熔点的定义：熔点是指固体物质在大气压下，固液两相达到平衡时的温度。实际上，当固体物质被加热到一定温度时，就从固态转化为液态，此时的温度，即可认为该物质的熔点。熔点不是一个温度点，而是熔化范围。

熔程（或熔距）的定义：物质从开始熔化（初熔）到完全熔化（全熔）的温度范围，叫作熔程（或熔距）。

基本原理：熔点是固体有机物的物理常数之一，通常纯的有机物都具有确定的熔点，且熔程一般不超过 0.5℃。当化合物含有杂质时，其熔点下降，熔程变宽。因此，通过测定熔点，不仅可以鉴定不同的有机物，而且可以判断有机物的纯度，同时还能鉴定熔点相同的两种化合物是否为同一化合物。即将他们混合后测熔点，如果熔点不变，熔程也没有变宽，说明他们是同一化合物，若熔点下降，熔程变宽，则为不同的化合物。但对于受热易分解的化合物，即使纯度很高，也无确定的熔点，且熔程较宽。

测定有机物的熔点通常采用微量法。

五、仪器装置

仪器装置如图 3-10-1 所示。

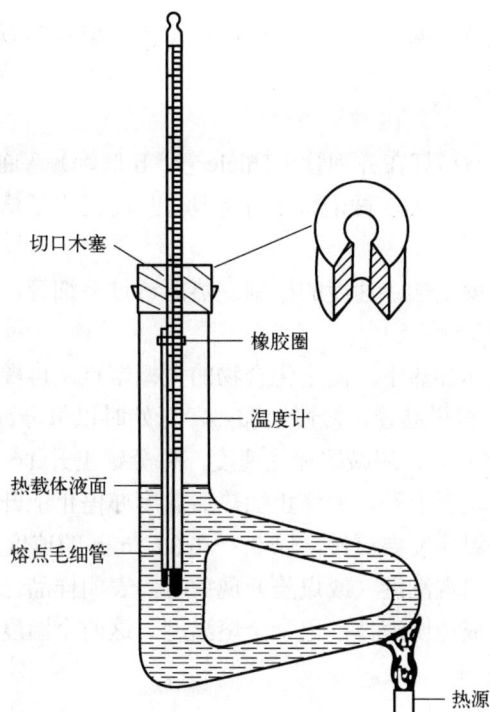

图 3-10-1　熔点测定装置

切口木塞

橡胶圈

温度计

热载体液面

熔点毛细管

热源

六、实验步骤

1. 准备熔点管（毛细管）

取内径约为 1mm，长度约为 70mm 的熔点管（毛细管），将其一端用酒精灯火焰加热，进行封口。

熔点的测定（视频）

2. 熔点管（毛细管）中填装样品

将已经研细的、干燥的萘 0.1～0.2g，放在干净的表面皿上，堆成小堆。将熔点管（毛细管）的开口插入样品堆中，使样品进入熔点管（毛细管），其高度为 3～4mm。再取一支长 30～40cm 的玻璃管，垂直于一干净的表面皿上，将已经装入样品的熔点管（毛细管）开口端向上，从玻璃管上端投入，使其自由落下，这样的操作重复数次，直至样品全部转移到毛细管封口处，且高度为 2～3mm 为止。整个操作过程要迅速，防止样品吸潮，装入的样品要紧密结实，受热时才均匀，如果有空隙，不易传热，会影响结果。

将平行测定的几个熔点管（毛细管），尽量一起放到玻璃管内进行自由落体，这样装入的样品结实程度相近，减少测量误差。

3. 安装仪器

将齐列管（Thiele 管、b 形管）固定在铁架台上，如图 3-10-1 所示，倒入水作热浴液。液面要高出齐列管上侧支管约 0.5cm。

将装好样品的熔点管（毛细管）用橡胶圈固定在温度计上，并使熔点管（毛细管）装样品部分正好处在水银球的中部。温度计用切口的单孔塞固定在齐列管（Thiele 管、b 形管）中，温度计水银球的中点处在齐列管上下两支管口连线的中部。

注意温度计刻度值应置于塞子开口侧并朝向操作者。熔点管应附在温度计侧面而不能在正面或背面，以便于观察。

4. 测定熔点

检查装置无误后，用酒精灯在齐列管（Thiele 管、b 形管）弯曲处的底部进行加热（在图示的部位加热），受热的浴液（水）做沿管上升运动。从而促成了整个 b 形管内浴液呈对流循环，使得温度较均匀。

熔点的测定关键之一就是加热速度的控制。热能透过毛细管，样品受热熔化，令熔化温度与温度计所示温度一致。

一般方法是，先在快速加热下，测定化合物的大概熔点。再做第二次测定，待热浴的温度大约下降 30℃ 时，换一根样品管，慢慢地加热，开始时以每分钟大约 5℃ 的速度升温。当热浴温度达到熔点下约 15℃ 时，应减缓加热速度，每分钟上升 1～2℃，一般可在加热中途，试将热源移去，观察温度是否上升，如停止加热后温度亦停止上升，说明加热速度是比较合适的。当接近熔点时，升温速度要更慢，以 0.2～0.3℃/min 的速度升温。

当毛细管中样品开始出现潮湿（或塌陷）现象时，表明样品已开始熔化，为始熔，记录始熔温度，继续微热，至成透明液体，记录全熔温度。这两个温度值就是该物质的熔程（或熔距）。

5. 平行实验

熔点的测定至少要有两次重复的数据，每一次测定都必须用新的熔点管装取样品，不能将已测过熔点的熔点管冷却，使其中的样品固化后再作第二次测定。因为这是在较高温度下凝结的晶体，其晶型不同于原试样。

6. 仪器归位

实验结束，将仪器清洗干净，进行归位。

七、数据处理

熔点测定数值如表 3-10-1 所示。

表 3-10-1　熔点测定数值

样品（萘）	测定值/℃		平均值/℃	
	始熔温度	全熔温度	始熔温度	全熔温度
第一次测定的熔程				
第二次测定的熔程				
第三次测定的熔程				

对平行实验的数据进行对比，并分析原因。

━━━━ 实验注意事项 ━━━━

［1］还可以采用数字熔点仪或显微熔点测定仪测定熔点。

［2］将适当直径的医用软橡皮管剪下很窄的一段，这一段就是一个小的橡皮圈。

[3] 装温度计和样品时，要特别注意毛细管的上口不能浸入水的液面以下，而且毛细管的上口离液面要有相当的距离，以防加热时液体的体积膨胀而浸没毛细管的上口。一旦发生这种情况，立即停止实验，需重做。

思考题

1. 如何观察样品已经开始熔化和全部熔化？
2. 可否用第一次测熔点后已经冷却重新结晶的样品，再做第二次测定？为什么？
3. 熔点管（毛细管）中所装萘的高度对测定结果有何影响？

任务十一　测定无水乙醇的沸点——微量法

一、实验目的要求

1. 了解测定沸点的意义。
2. 掌握微量法测定沸点的原理、方法。
3. 熟练掌握沸点测定实验的基本操作过程。

二、实验所用仪器

齐列管（Thiele 管、b 形管）、温度计、量筒、橡胶塞、毛细管、酒精灯、橡胶圈、铁架台、铁夹、小试管等。

三、实验所用药品试剂

无水乙醇：2mL。

四、基本原理

沸点的定义：纯的液体受热，至其饱和蒸气压与外界压力相等时就会沸腾，此时的温度就是该液态物质的沸点。

基本原理：沸点是有机化合物的物理常数之一，在一定的压力下，每一种液态化合物都有固定的沸点，对于同一种化合物而言，在不同的压力下，其沸点是不同的，但通常所说的沸点是指常压下的沸点。纯的液态有机化合物其沸程（沸点范围）为 $0.5 \sim 1℃$。因此，通过沸点测定，不仅可以鉴别不同的有机化合物，而且还可以结合其他方法判断有机化合物的纯度。

沸点测定方法有常量法和微量法两种。本次实验使用的是微量法测定沸点，它具有操作简单、药品用量少等优点。

五、仪器装置

仪器装置如图 3-11-1 所示。

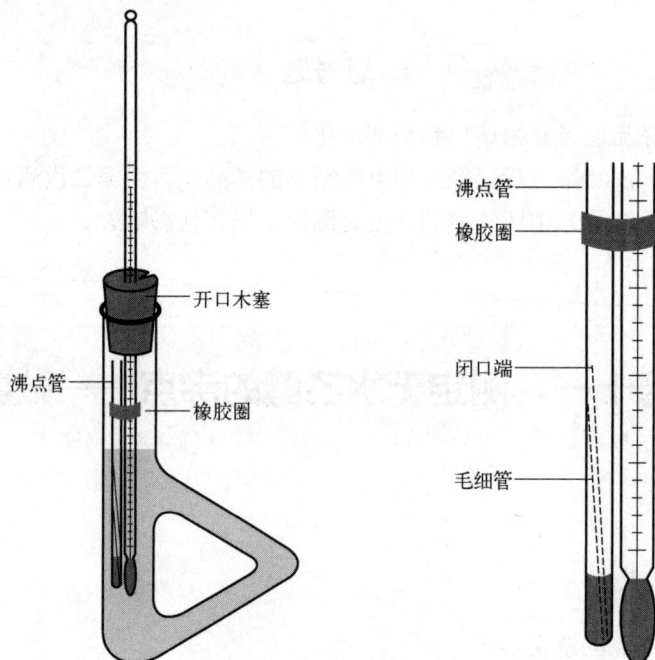

图 3-11-1　沸点测定装置

六、实验步骤

（一）沸点管的准备

1. 制备内管（毛细管）

取一根长 8～9cm、内径约 1mm 的毛细管，将其一端用酒精灯火焰加热进行封口。

2. 沸点管（外管）中填装样品

取一根内径 1cm、长 8～10cm 的小玻璃试管作沸点管（外管），向沸点管（外管）内滴加无水乙醇，样品高度约 1cm，将制备好的内管（毛细管）开口端朝下插入装有无水乙醇的沸点管（外管）中。

（二）安装仪器

将齐列管（Thiele 管、b 形管）固定在铁架台上，如图 3-11-1 所示，倒入水作热浴液。液面高出齐列管上侧支管约 0.5cm，将装好样品的沸点管（外管），用橡胶圈固定在温度计上，且使沸点管（外管）底端（有试样的部位）位于温度计水银球中间部位。与熔点管的固定方法一样。温度计用切口的单孔塞固定在齐列管（Thiele 管、b 形管）中，温度计水银球的中点

处在上下两支管口连线的中部。

注意温度计刻度值应置于塞子开口侧并朝向操作者。沸点管（外管）应附在温度计侧面而不能在正面或背面，以便于观察。

（三）测定沸点

检查装置无误后，用酒精灯在齐列管（Thiele 管、b 形管）弯曲处的底部加热，受热的浴液（水）作沿管上升运动。从而促成了整个 b 形管内浴液呈对流循环，使得温度较均匀。

将热浴（水）缓缓加热，使温度均匀上升，由于气体受热膨胀，内管中便有断断续续的小气泡产生。当温度上升到接近样品的沸点时，气泡增多，此时应调节火焰，降低升温速度。当温度升至稍高于液体的沸点时，沸点内管（毛细管）中将有一连串的气泡快速逸出，此时，立即停止加热。

让浴液自行冷却，管内气体逸出的速度将会减慢。当最后一个气泡出现而刚欲缩回内管时，内管内的蒸气压与外界压力正好相等，此时的温度即为该液体在常压下的沸点。记录温度。

（四）平行实验

待齐列管中水温下降 30℃后，可重新加热齐列管，再测一次其沸点（2 次所得温度数值不得相差 1℃以上），但内管（毛细管）必须更换。

（五）仪器归位

实验结束，将仪器清洗干净，进行归位。

七、数据处理

乙醇沸点的测定数值如表 3-11-1 所示。

表 3-11-1　乙醇沸点的测定数值

数据记录	无水乙醇的沸点/℃
第一次	
第二次	
平均值	

对平行实验的数据进行对比，并分析原因。

实验注意事项

［1］被测样品不宜太少，以防液体全部汽化。
［2］使内管里有大量气泡冒出，以尽量将内管里的空气赶净。
［3］尽量将沸点内管（毛细管）里的空气赶净。

1. 微量法测定沸点时，内管（毛细管）未封好，将会产生什么结果？
2. 为什么用微量法测定沸点时，把最后一个气泡刚欲缩回至内管（毛细管）的瞬间温度作为该化合物的沸点？

任务十二　测定乙醇、丙酮的折射率

一、实验目的要求

1. 了解测定折射率的简单原理。
2. 掌握阿贝折射仪的使用方法。

二、实验所用仪器

阿贝折射仪、恒温槽、白炽灯、小滴瓶。

三、实验所用药品试剂

无水乙醇、丙酮。

四、基本原理

光的折射现象的定义：光在两种不同介质中的传播速率不同，所以在确定的外界条件（温度、压力）下，光线从一种介质射入另一种介质时，光的传播方向是不同的，在介质的分界面上的这种现象称为光的折射现象。

折射率的定义：折射率指的是光在真空中的传播速率与光在某一介质中的传播速率之比，它等于入射角的正弦与折射角的正弦之比。

$$n=\sin\alpha/\sin\beta$$

当光由介质 A 进入介质 B 时，如果介质 A 对于介质 B 是光疏物质，则折射角 β 必须小于入射角 α。当入射角为 90° 时，$\sin\alpha=1$，这时折射角达到最大，称为临界角，用 β_0 表示。很明显，在一定条件下，β_0 是一个常数，它与折射率的关系是

$$n=1/\sin\beta_0$$

可见，测定临界角 β_0，就可以得到折射率。

折射率是物质的重要物理常数之一。固体、液体、气体物质都有折射率，不同物质的折射率各不相同，因此通过测定折射率，可以确定有机化合物的纯度及溶液的组成，也可用于鉴定未知化合物。折射率的影响因素有压力、温度、波长等。折射率的表示方法如下，

当入射光为钠黄光（波长为 589.3nm），测定温度为 20℃时，水的折射率为 1.3330，表示为 $n_D^{20}=1.3330$。这里 n 代表折射率，20 代表测定时的温度，D 代表钠光。

在有机化学实验室里，常用阿贝（Abbe）折射仪来测定物质的折射率。

阿贝折射仪的基本原理：是基于光的折射现象。在折射仪上直接读出的不是临界角 β_0 的度数，而是已经计算好的折射率。仪器上有消色散棱镜，又称为阿米奇（Amici prism）棱镜，可使用白光（日光）作为光源。由于该棱镜能使各色光与钠光 D 线平行，消除日光光源所造成的彩带，故测得的数值与用钠光 D 线所测结果相同。

阿贝折射仪，它主要是由可以开启的两块直角棱镜组成，上面一块是光滑的，下面一块是磨砂的。左、右面各有一个镜筒。左面是读数（1.3000～1.7000）镜筒，右面是测量望远镜，用来观察折光情况，筒内装有消空色校镜。当两棱镜平面叠合时，两平面间待测液形成一层均匀的液膜，当光线由反光镜射入磨砂棱镜时产生漫射，从而以 0°～90°不同的入射角进入液层到达光滑棱镜，由于光滑棱镜的折射率很高（约 1.85），一部分光线可经折射进入空气而到达测量镜，另一部分光线则发生全反射。光线发生折射时，在临界角以内区域是明亮的，在临界角以外的区域则是暗的，明暗两区域的界线十分清楚,调节消色散棱镜使彩色光带消失，在右面目镜观察，看见一个界线十分清晰的半明半暗的像交于"十"字交叉点时，从读数中即可读出折射率。测定折射率时目镜中常见的图像如图 3-12-1 所示。

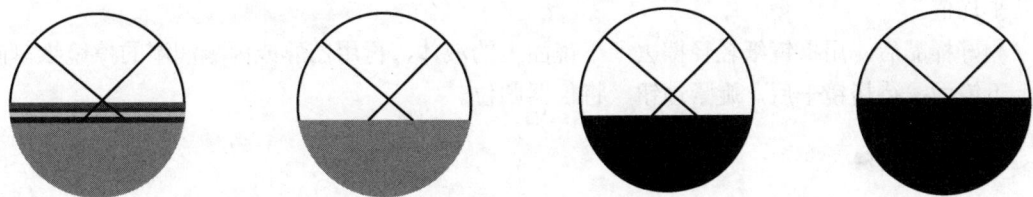

图 3-12-1　测定折射率时目镜中常见的图像

五、仪器装置

仪器装置如图 3-12-2 所示。

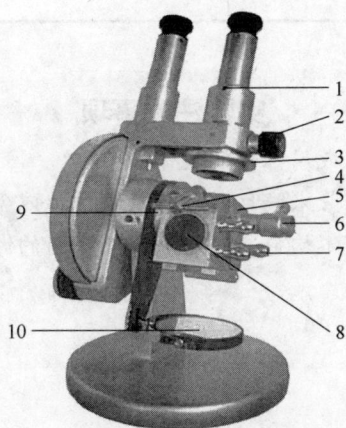

图 3-12-2　阿贝折射仪

1—示值调节螺钉；2—阿米奇棱镜手轮；3—色散值刻度圈；4—棱镜锁紧扳手；5—棱镜组；

6—温度计座；7—恒温器接头；8—保护罩；9—主轴；10—反光镜

六、实验步骤

1. 校正仪器

将阿贝折射仪与恒温槽连接，恒温后（一般是 20℃±0.1℃），置于普通白炽灯前或靠近窗户的桌子上，但要避免阳光直射（以避免液体试样迅速挥发）。

松开锁钮，打开棱镜，滴 1～2 滴乙醇或丙酮在玻璃面上，用擦镜纸轻擦干净（以免残留物质影响测定精确度），对仪器进行校正。

2. 测定折射率

打开棱镜，用擦镜纸（必要时用丝绢蘸少量乙醇或丙酮）轻轻擦洗上下镜面，要单向擦，不要来回擦。待溶剂挥发后，滴 1～2 滴待测液于磨砂棱镜面上，使液体铺满整个镜面，小心地关闭棱镜。

调节反光镜使入射光达到最强，目镜内视场明亮，轻轻转动棱镜调节旋钮，直到在望远镜内观察到明暗分界线或彩色光带，如图 3-12-1 所示。

转动消色散棱镜使明暗分界线清晰，直至彩色光线消失为止。

再转动棱镜调节旋钮使分界线恰好对准"十"字交叉线的中心点。

从镜筒读出折射率（位于下面的刻度，通常用四位有效数字进行记录），重复 2～3 次，取其平均值。

测好样品后，用擦镜纸轻轻擦去上下镜面上的液体，再用乙醇或丙酮润湿的擦镜纸单向擦上下镜面，待棱镜干后，旋紧锁钮。将仪器归位。

七、数据处理

待测液的折射率如表 3-12-1 所示。

表 3-12-1　待测液的折射率

编号	1	2	平均
$n_{乙醇}$			
$n_{丙酮}$			

实验注意事项

［1］不能测量酸性、碱性或腐蚀性的液体。

［2］滴加液体样品时，滴管末端切不可触及棱镜，以免造成划痕。

［3］滴加液体太少或分布不均匀，可造成半明半暗的像而看不清楚，对于易挥发的液体操作要敏捷。

［4］仪器精度 ±0.0001。

思考题

1. 为什么在测量折射率之前要对仪器进行恒温？

2. 哪些因素会影响折射率测定数值？

3. 测定折射率时，滴加样品量过多或过少将会产生什么后果？

任务十三　测定葡萄糖的旋光度

一、实验目的要求

1. 了解旋光仪的构造。
2. 掌握使用旋光仪测定物质旋光度的方法。
3. 学习比旋光度的计算。

二、实验所用仪器

旋光仪、容量瓶、烧杯、量筒、玻璃棒等。

三、实验所用药品试剂

葡萄糖：0.5g；蒸馏水。

四、基本原理

某些有机化合物是手性分子，能使偏光振动平面旋转，使偏光振动平面向左旋转的为左旋性物质，使偏光振动平面向右旋转的为右旋性物质。

旋光性是有机化合物的重要性质。测定旋光度，可以检验旋光性物质的纯度和含量。

测定旋光度的仪器叫旋光仪。旋光度与物质的特性、溶液的浓度、样品管的长度，以及温度和所用光源的波长等因素有关。当其他条件固定时，旋光度与反应物浓度呈线性关系，即

$$\alpha = \beta c$$

式中，比例常数 β 与物质的旋光能力、溶液性质、溶液浓度、样品管的长度、温度等有关。

物质的旋光能力用比旋光度来度量，比旋光度用下式表示：

$$[\alpha]_D^{20} = \alpha \times 100 / Lc$$

式中，右上角的"20"表示实验时温度为20℃；D是指钠光灯源，波长为589nm；α 为测得的旋光度，°；L 为样品管长度，dm；c 为浓度，g/100mL。

五、仪器装置

仪器装置如图 3-13-1 所示。

图 3-13-1　旋光仪

六、实验步骤

1. 校正仪器

在测定样品前，需要先校正旋光仪的零点。

蒸馏水是非旋光性物质，可以用来校正旋光仪的零点（即 $\alpha=0$ 时，仪器对应的刻度）。接通电源 5min 后，钠光灯发光正常，进行校正。

① 将旋光管洗净，左手拿住管子把它竖立，装上蒸馏水，使液面凸出管口。

② 将玻璃盖沿管口边缘轻轻平推盖好，不能带入气泡，旋上螺丝帽盖，以防漏水，不要过紧。

③ 将旋光管外表面擦干，放入旋光仪内，标记旋光管放置的位置和方向，罩上盖子，待小数稳定后，按"清零"按钮清零。

2. 测定旋光度

葡萄糖是右旋性物质，其比旋光度 $[\alpha]_D^{20}=52.5°$。

准确称量 0.1～0.5g 葡萄糖样品，在容量瓶中配制溶液，备用。

从仪器中取出旋光管，倒出蒸馏水，用待测液将旋光管洗涤 2～3 次，然后装满该待测液，放好螺丝盖帽使其不漏水，螺帽不宜过紧，过紧会使玻璃产生应力，影响计数。将旋光管拭净，放入旋光仪内，盖上槽盖。此时仪器将自动显示溶液的旋光度值，记录旋光度值。

3. 仪器归位

实验结束，将仪器清洗干净，进行归位。

七、数据处理

（1）记录实验室温度 t＿＿℃，葡萄糖浓度 c＿＿g/100mL，旋光度 $\alpha=$＿＿°。

（2）计算葡萄糖的比旋光度值 $[\alpha]_D^{20}=$＿＿°。

> **实验注意事项**
>
> ［1］旋光管透光面两端的雾状水滴，应用软布擦干，以免影响读数。
>
> ［2］旋光仪的钠光灯管不宜长时间开启，测量时间间隔较长时应熄灭，以免损坏。

1. 旋光度和比旋光度有何不同？
2. 通常将什么物质用于仪器调零点？

任务十四　测定萘的紫外-可见光谱值

一、实验目的要求

1. 熟悉紫外-可见分光光度计的构造和工作原理。
2. 掌握紫外-可见分光光度计的操作方法。
3. 掌握吸收光谱和标准曲线等基本概念和知识。

二、实验所用仪器

紫外-可见分光光度计、石英比色皿、吸量管、容量瓶、烧杯、量筒、玻璃棒等。

三、实验所用药品试剂

萘标准溶液（20.0μg/mL）、乙醇（分析纯）、未知浓度的萘溶液。

四、基本原理

紫外-可见吸收光谱法广泛用于有机物质和无机物质的定性和定量测定。该方法具有灵敏度高、准确度好、选择性优、操作简便、分析速度快等特点。

（1）紫外-可见吸收光谱法是基于物质分子对 200～750nm 区域光的选择性吸收而建立起来的分析方法。

200～400nm 紫外区；400～750nm 可见区；＞750nm 红外区

（2）紫外-可见吸收光谱是在紫外或可见光辐射作用下，多原子分子跃迁时产生的分子吸收光谱。当外层电子吸收紫外或可见光辐射后，从基态向激发态（反键轨道）跃迁。

主要有四种跃迁方式，所需能量 ΔE 大小顺序为：

$$n \rightarrow \pi^* < \pi \rightarrow \pi^* < n \rightarrow \sigma^* < \sigma \rightarrow \sigma^*$$

（3）有机物和无机化合物都有特殊的紫外-可见吸收光谱，有机物中有 π 键电子和共轭双键的化合物在紫外区吸收很灵敏。紫外-可见分光光度法常用作有机物的定性鉴定、结构判断、纯度分析及定量分析。

（4）在紫外-可见吸收光谱图中，不同的物质具有不同的吸收峰，根据未知样品的特征吸收峰对未知样品进行定性分析。

（5）根据吸光度大小，在朗伯-比尔定律（$A=\varepsilon bc$）适用范围内进行样品的定量分析。

五、仪器装置

仪器装置如图 3-14-1 所示。

图 3-14-1　紫外-可见分光光度计

六、实验步骤

1. 预热仪器

打开紫外-可见分光光度计的开关，如图 3-14-1 所示，打开电脑上的软件，对实验进行相关参数的设置，设置波长范围在 200～400nm、扫描速度为高速、扫描间隔为 1.0nm。

2. 配制标准溶液

用吸量管准确移取浓度为 20.0μg/mL 萘的标准溶液 2.0、4.0、6.0、8.0、10.0mL 分别置于 100.0mL 容量瓶中，然后以乙醇定容至刻度，配制浓度分别为 0.4、0.8、1.2、1.6 和 2.0μg/mL 的萘的系列标准溶液，混匀，待测。

3. 绘制吸收曲线

在光谱扫描模式下，首先在吸收池中加入乙醇参比溶液，对仪器进行基线校正。然后在样品池中对萘的乙醇溶液进行定性测试：在 200～400nm 波长范围内，以 1.0nm 为间隔，进行扫描，从吸收曲线上找到最大吸收波长 λ_{max}。

4. 绘制标准曲线

在最大吸收波长处依次按照浓度从低到高的顺序测定萘的系列标准溶液的吸光度，然后绘制标准曲线。

5. 测定样品

在最大吸收波长处测定未知浓度的萘溶液的吸光度，根据吸光度与浓度的标准曲线方程，计算未知的萘溶液的浓度，平行测定三次，取平均值并对结果进行分析。

6. 关闭仪器

测试完毕后，倒掉试液，清洗比色皿，关闭仪器。

7. 仪器归位

实验结束，将仪器清洗干净，进行归位。

七、数据处理

通过测定萘的紫外-可见光谱值，计算未知的萘溶液的浓度。

实验注意事项

［1］有关操作的详细内容参照仪器使用说明书。

［2］须将试液倒在指定废液缸中。

思考题

1. 紫外-可见分光光度计由哪几部分组成？

2. 为什么紫外-可见分光光度计使用的是石英比色皿？

项目四
有机化合物的制备实验

【项目介绍】

　　有机化合物的制备是指利用化学方法进行官能团的转换或将较简单的有机物合成比较复杂的有机物的过程，也可以是将较复杂的有机物分解成比较简单的有机物的过程。要制备一种有机化合物，首先要选择正确的制备路线与合适的反应装置。通过一步或多步反应制得的有机物往往是与过剩的反应物以及副产物等多种物质共存的混合物，还需采用适当的方法进行分离和提纯，才能得到纯度较高的产品。

　　有机化合物的制备实验是在已初步掌握了有机化学的基本理论知识和基本实验操作技能的基础上进行的实验操作。通过这些实验可以训练综合运用有机化学实验技能的能力，提高动手能力。

【学习要求】

　　1. 了解有机化合物的制备步骤和方法，掌握有机化合物的制备技术。
　　2. 掌握粗产物的精制原理、提纯方法和提纯实验操作技能。
　　3. 掌握实验产率的影响因素和实验产率的提高措施，掌握实验产率的计算方法。

任务一　制备溴乙烷

一、实验目的要求

　　1. 学习以乙醇为原料制备溴乙烷的原理及方法。
　　2. 复习常用玻璃仪器的装配和拆卸等基本操作技能。
　　3. 进一步巩固分液漏斗的使用。

4．学习处理低沸点有机物的方法。

二、实验所用仪器

圆底烧瓶、75°弯管、冷凝管、接引管、接收器（小锥形瓶）、烧杯、量筒、托盘天平、铁架台、铁夹、电热套等。

三、实验所用药品试剂

95%乙醇：5mL；固体溴化钠（无水）：6.5g；浓硫酸：15mL；饱和亚硫酸氢钠溶液：5mL。

四、基本原理

1. 主反应

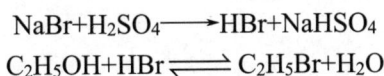

$$NaBr+H_2SO_4 \longrightarrow HBr+NaHSO_4$$
$$C_2H_5OH+HBr \rightleftharpoons C_2H_5Br+H_2O$$

2. 副反应

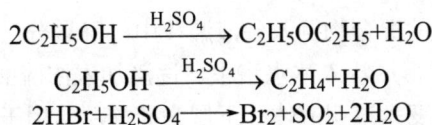

$$2C_2H_5OH \xrightarrow{H_2SO_4} C_2H_5OC_2H_5+H_2O$$
$$C_2H_5OH \xrightarrow{H_2SO_4} C_2H_4+H_2O$$
$$2HBr+H_2SO_4 \longrightarrow Br_2+SO_2+2H_2O$$

五、仪器装置

仪器装置如图 4-1-1 所示。

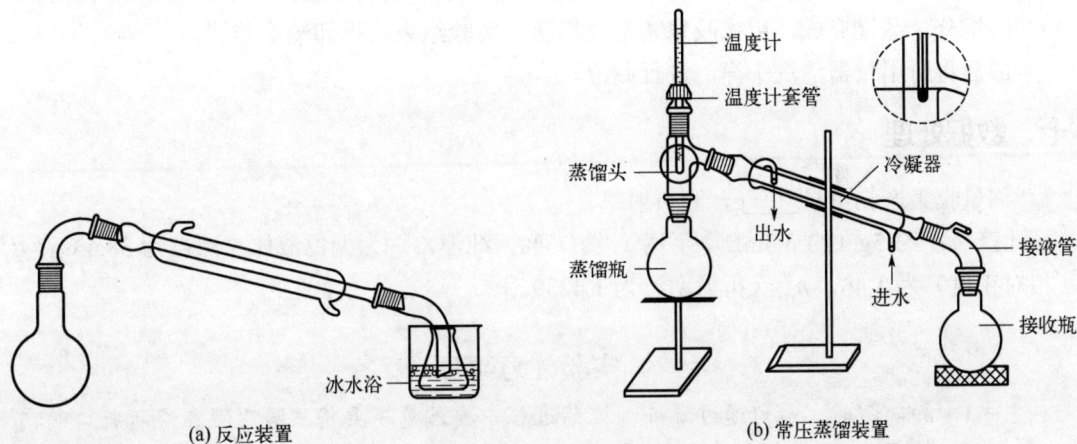

(a) 反应装置　　　　(b) 常压蒸馏装置

图 4-1-1　制备溴乙烷的实验装置

六、实验步骤

（一）粗产物的合成

1. 添加物料

在 50mL 的圆底烧瓶中加入 5mL 冰水，在冰水浴的冷却和不断振荡下，分几次加入 10mL

浓硫酸，冷却至室温，然后加入 5mL 95%乙醇，振荡均匀后，再加入 6g 研细的溴化钠，期间需要进行不断的轻微振荡，并投入 1~2 粒沸石。

2. 安装仪器

迅速按要求安装好仪器，如图 4-1-1（a）所示。在接收产物的锥形瓶中，加入冰水和少量饱和亚硫酸氢钠溶液，并将锥形瓶放入冰水浴中。接引管的末端要插入锥形瓶的水面以下，使生成的产物直接沉入锥形瓶的底层。

3. 进行反应

刚开始小火加热烧瓶，注意控制电热套电压（或火焰），防止反应过于剧烈。馏出物为乳白色液体，因其相对密度为 1.46，故沉入锥形瓶的底部。反应一直持续到无油滴蒸出为止。

4. 拆卸仪器

反应完成后，首先小心地拆下收集产物的锥形瓶，然后关闭、移去热源，避免液体通过接引管产生倒吸现象。并按要求拆卸装置。

（二）粗产物的提纯

1. 洗涤、干燥

将锥形瓶中的产品和水的混合物倒入分液漏斗中，静置分层后，将下层粗产物放入干燥的 50mL 锥形瓶中。再将锥形瓶浸入冰水浴中，逐滴加入浓硫酸（约需 4mL），同时轻微振荡，直到上层产物由乳白色变为透明液体。下层为硫酸层，用干燥的分液漏斗分去硫酸。

2. 蒸馏

将余下的溴乙烷迅速从分液漏斗上口倒入干燥的 30mL 蒸馏烧瓶中，加入 1~2 粒沸石，再用水浴加热进行蒸馏，如图 4-1-1（b）。收集产物的锥形瓶要干燥，并用冰水冷却。收集 37~40℃的馏分。蒸馏完成，用橡胶塞塞紧收集瓶。实验结束，拆卸蒸馏装置。

最后将所用仪器清洗干净，进行归位。

七、数据处理

称量收集产物重量_____g，测折射率。

［产量：约 5g（约 3.3mL），产率：约 73%。纯溴乙烷为无色液体，沸点为 38.4℃，d_4^{20}（相对密度）为 1.46，n_D^{20}（折射率）为 1.4239。］

实验注意事项

［1］加硫酸时，最好通过漏斗。振荡过程中要注意不要将硫酸飞溅在烧瓶瓶口的内壁上，否则在加溴化钠时，易将溴化钠黏附在瓶口上。

［2］反应是可逆的。为了使平衡向右边进行，可以采用一种反应物过量的方法，也可以移去一种产物（溴乙烷或水），或两者并用。本实验室是使用乙醇过量的方法来促使反应向右进行。

［3］不能使用大块固体溴化钠，但也不能磨成细粉。块太大将使反应时间加长；太细使反应太快，极易使混合液体冲出烧瓶，进入冷凝管和收集瓶中。必须在轻微振荡下加入溴化钠，以防溴化钠结块。如用含结晶水的溴化钠 $NaBr \cdot 2H_2O$，则应按物质的量进行换算，并相应减少加入的水量。

［4］本反应为放热反应，不加热也会进行，而且越来越快。如果装置安装速度太慢，生成的溴乙烷将逸入空气中，从而导致产率下降。

［5］亚硫酸氢钠溶液能将溴乙烷中的溴还原为无色的溴化氢。在分离水和产物之前，只要在分液漏斗内充分振荡，无亚硫酸氢钠也能脱除颜色。

［6］溴乙烷沉入锥形瓶的底部，与空气隔绝，可减少溴乙烷的挥发损失。但在反应过程中，应密切注意防止接收器中的液体倒吸进入冷凝管。凡不溶或难溶于冷水，也不与水发生化学反应，相对密度比水大的易挥发液体，一般都可以采用这样的接收装置，收集馏分。

［7］溴乙烷为透明的油状液体，但因新蒸出的产物中含有少量水分，与溴乙烷形成乳状液，故为乳白色。有时产物也可能是黄色或棕色，这说明硫酸浓度较高。将产生的溴化氢氧化为溴。黄色或棕色是溴的颜色。

［8］反应时间需 0.5～1h，反应结束时，烧瓶中的残液由浑浊变为清亮透明。趁热将烧瓶中的残液倒出，以免冷却后生成的硫酸氢钠结块，难以倒出。

［9］从分液漏斗中放出粗产物时，要避免将水带入溴乙烷中。否则下一步加浓硫酸干燥时，会放出较多的热，致使产物挥发而损失。

［10］浓硫酸除了吸收产物中的水分之外，还可除去产物中的乙醇和乙醚。

［11］从分液漏斗上口将溴乙烷倒入蒸馏烧瓶时，必须通过干燥的漏斗，以防产物从蒸馏瓶的侧管流失。倒入的速度要稍快，避免挥发太多影响产率。

［12］拆下装有溴乙烷的收集瓶时，必须立即塞上橡胶塞，以防溴乙烷挥发损失，并且避免用手直接触摸收集瓶中装有溴乙烷的部分，以免因手温而使产物挥发。

思考题

1. 粗产物中可能有什么杂质？如何除去它们？
2. 本实验最易造成失败的关键操作是哪一步？为什么？

任务二　制备正溴丁烷

一、实验目的要求

1. 学习以醇为原料制备正溴丁烷的原理和方法。
2. 学习带有吸收有害气体装置的回流操作。
3. 掌握液体化合物的洗涤、干燥、蒸馏等基本操作。

二、实验所用仪器

圆底烧瓶、冷凝管（球形、直形）、接引管、接收器（小锥形瓶）、蒸馏头、温度计、分液漏斗、烧杯、量筒、托盘天平、铁架台、铁夹、电热套等。

三、实验所用药品试剂

正丁醇：7.5mL；无水溴化钠：10g；浓硫酸：12mL；

氢氧化钠；饱和碳酸氢钠；饱和亚硫酸氢钠；无水氯化钙。

四、基本原理

实验室中，醇和氢卤酸反应可以制备一卤代烷。如果用此法制备溴代烷，可以用溴化钠和浓硫酸反应得到氢溴酸，然后与正丁醇作用制备正溴丁烷。而硫酸的存在会使醇脱水而生成副产物烯烃和醚。

1. 主反应

$$NaBr + H_2SO_4 \longrightarrow HBr + NaHSO_4$$

$$n\text{-}C_4H_9OH + HBr \longrightarrow n\text{-}C_4H_9Br + H_2O$$

2. 副反应

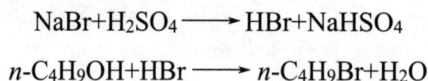

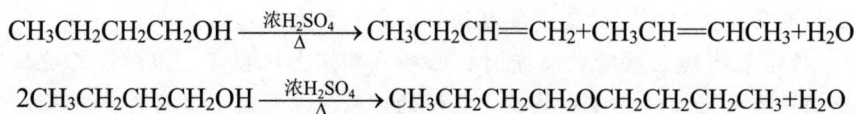

五、仪器装置

仪器装置如图 4-2-1 所示。

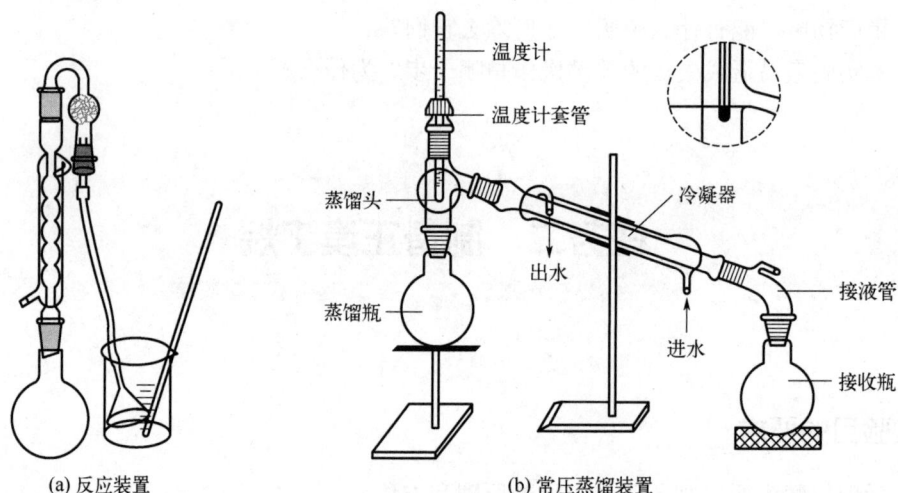

(a) 反应装置　　　(b) 常压蒸馏装置

图 4-2-1　制备正溴丁烷的实验装置

六、实验步骤

（一）粗产物的合成

1. 添加物料

在 100mL 圆底烧瓶中，加入 10mL 水，再慢慢加入 12mL 浓 H_2SO_4，混合均匀，冷却至室温，此时可用冷水浴进行冷却。再加入 7.5mL 正丁醇，混合后加入 10g 研细的溴化钠，充分振荡后加入 1～2 粒沸石。

2. 安装仪器

按要求安装好回流装置，如图 4-2-1（a）所示，在冷凝管上端连接气体吸收装置，用 5% 的氢氧化钠溶液作吸收剂。切勿将漏斗全部浸入水中，以免倒吸。

3. 进行反应

小火加热烧瓶，至反应混合物沸腾，注意控制电热套电压（或火焰），并保持平稳回流约 40min，防止反应过于剧烈。在此过程中，可以经常振摇烧瓶，促使反应完成。当反应结束，停止加热，此时烧瓶内液体会分为两层。由于正溴丁烷的相对密度较小，其上层液体是正溴丁烷。反应液稍冷却后，将回流装置改成蒸馏装置，如图 4-2-1（b）所示，往反应液中加入 1～2 粒沸石，注意控制蒸馏速度，加热蒸出所有正溴丁烷。

（二）粗产物的提纯

1. 洗涤、干燥

将馏出液转入分液漏斗，用等体积水洗涤，然后小心地将粗品转入另一干燥的分液漏斗中。再用等体积浓 H_2SO_4 进行洗涤，尽量分去硫酸层，有机层再依次用等体积水、饱和 $NaHCO_3$ 和水洗涤。将洗涤后的产物倒入干燥的小三角烧瓶中，加入 1～2g 的无水 $CaCl_2$ 干燥，间歇振摇，直至液体透明，此过程时间为 30～40min。

2. 蒸馏

将干燥好的产物倒入 50mL 干燥的圆底烧瓶中，加入 1～2 粒沸石，安装蒸馏装置，收集 99～103℃ 的馏分。注意前馏分的取舍。

七、数据处理

称量收集产物重量_____ g，测折射率。

（产量：约 10g，产率：73%～80%。纯正溴丁烷为无色透明液体，沸点为 101.6℃，d_4^{20} 为 1.2758，n_D^{20} 为 1.4401。）

实验注意事项

［1］如不充分振摇并冷却至室温，加入溴化钠后，会和浓硫酸反应生成溴，使溶液变成红色，影响产品的纯度和产率。

［2］正溴丁烷是否蒸完，可从以下三个方面进行判断：①馏出液是否由浑浊变为澄清；②蒸馏烧瓶中上层油层是否消失；③取一支试管收集几滴馏出液，加入少量水振摇，无油珠出现，则表示有机物已被蒸完。

［3］用水洗涤后馏出液如有红色，是因为溴化钠被硫酸氧化生成溴，可以加入 10～15mL 饱和亚硫酸氢钠溶液洗涤除去。

［4］浓硫酸可溶解少量的未反应的正丁醇和副产物丁醚等杂质，使用干燥分液漏斗的目的是防止漏斗中残余的水分稀释浓硫酸而降低洗涤效果。残存的正丁醇和正溴丁烷可形成共沸物（沸点 98.6℃，含正丁醇 13%）而难以除去。

［5］由于正丁醇可与正溴丁烷形成共沸物（含正丁醇 13%），所用的仪器均需干燥。

━━━━━━ 思考题 ━━━━━━

1．实验中，先使 NaBr 与浓 H_2SO_4 混合，然后再加 1-丁醇和水，可以吗？为什么？
2．实验中浓硫酸有什么作用？
3．反应后的粗产物中含有哪些杂质？如何除去？
4．用分液漏斗洗涤产物时，正溴丁烷有时在上层，有时在下层，为什么？
5．各洗涤步骤的目的是什么？
6．为什么用饱和碳酸氢钠水溶液洗酸以前，要先用水洗涤？

任务三 制备乙酸乙酯

一、实验目的要求

1．掌握乙酸乙酯的制备原理和方法。
2．学习滴液漏斗的使用方法。
3．学习盐析的原理和方法。

二、实验所用仪器

三口烧瓶、蒸馏头、温度计（200℃、100℃）、滴液漏斗、分液漏斗、长颈漏斗、冷凝管、接引管、接收器（小锥形瓶）、铁架台、铁夹、橡胶塞、磁力搅拌器、电热套等。

三、实验所用药品试剂

冰醋酸：14.3mL；95%乙醇：26mL；浓硫酸：3mL；饱和碳酸钠溶液；饱和食盐水；饱和氯化钙溶液；无水硫酸镁（或碳酸钾）。

四、基本原理

1. 主反应

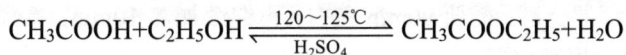

$$CH_3COOH + C_2H_5OH \xrightleftharpoons[H_2SO_4]{120\sim125℃} CH_3COOC_2H_5 + H_2O$$

2. 副反应

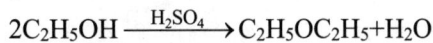

$$2C_2H_5OH \xrightarrow{H_2SO_4} C_2H_5OC_2H_5 + H_2O$$

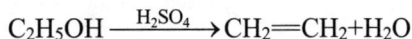

$$C_2H_5OH \xrightarrow{H_2SO_4} CH_2=CH_2 + H_2O$$

五、仪器装置

仪器装置如图 4-3-1 所示。

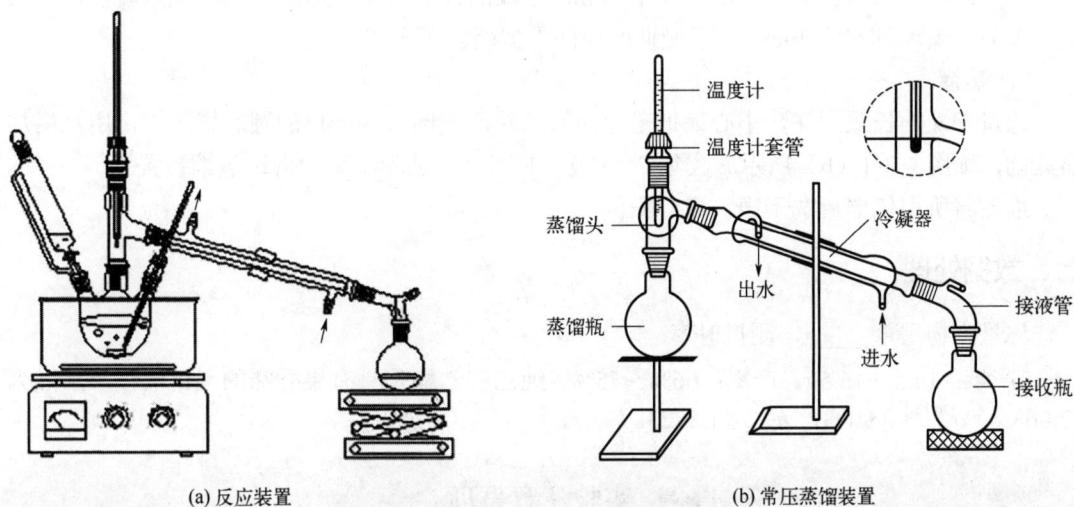

(a) 反应装置　　　　　　　　　(b) 常压蒸馏装置

图 4-3-1　制备乙酸乙酯的实验装置

六、实验步骤

（一）粗产物的合成

1. 添加物料

在 100mL 三口烧瓶中加入 3mL 乙醇，在不断振荡和冷却下，滴加 3mL 浓硫酸，使其混合均匀，并加入 1～2 粒沸石。在滴液漏斗中加入 23mL 乙醇和 14.3mL 冰醋酸的混合液。

2. 安装仪器

将三口烧瓶固定好，如图 4-3-1（a）所示，再在三口烧瓶的两个侧口分别插入滴液漏斗和温度计，而且温度计水银球必须浸到液面以下，但又不能触及瓶底，离瓶底 0.2～0.5cm，在三口烧瓶的中间孔上插入蒸馏头、温度计，蒸馏头侧管再连接冷凝管、接引管，接引管与锥形瓶要连接紧密，且锥形瓶外面需要用冷水冷却。

3. 进行反应

用小火加热三口烧瓶。当混合物的温度达到 110℃ 左右时，开始滴加乙醇和冰醋酸混合液，调节加料速度，使加料速度与蒸出乙酸乙酯的速度大致相等，同时保持反应液的温度在 120～125℃。加完全部混合液，需要 90min 左右。再继续加热 10min，直到无液体流出为止，反应结束。同时按要求拆卸仪器。

（二）粗产物的提纯

1. 洗涤、干燥

首先将接收产物的锥形瓶用塞子塞上。然后在不断振荡下，向接收产物的锥形瓶中慢慢加入饱和碳酸钠溶液，直到酯层不显酸性（用 pH 试纸检验），将混合液倒入分液漏斗中，分出水层后，用等体积的饱和食盐水洗涤，放出下层食盐溶液，再用等体积的饱和氯化钙溶液洗涤酯层两次。将粗乙酸乙酯倒入一个 50mL 干燥的锥形瓶中，加入 3～5g 无水硫酸镁（或碳酸钾）干燥，时间约 30min，干燥期间要间歇振荡。

2. 蒸馏

通过干燥的长颈漏斗，小心地把干燥的粗乙酸乙酯倒入 50mL 的圆底烧瓶中，用水浴加热蒸馏，如图 4-3-1（b）所示。收集 74～79℃ 的馏分。试验结束，拆卸蒸馏装置。

最后将所用仪器清洗干净，进行归位。

七、数据处理

称量产物重量＿＿＿g，测折射率。

（产量：14.5～16.5g。产率：66%～75%。纯乙酸乙酯是具有果香味的无色液体，沸点为 77.06℃，d_4^{20} 为 0.9003，n_D^{20} 为 1.3723。）

实验注意事项

[1] 酯化反应是可逆反应，为了使平衡向右进行，可从反应物中不断地移去产物，也可使用过量的羧酸或醇，或两者并用。至于使用过量的酸还是过量的醇，这主要取决于原料的性质和价格等因素。本实验是采用廉价的乙醇过量，并将反应中生成的酯和水不断蒸馏出来的方法，促使平衡向右边进行。但在工业生产中，为了避免由乙醇、水和乙酸乙酯形成二元、三元恒沸物而给分离带来的麻烦，一般采用过量的乙酸。

[2] 应预先将乙醇和冰醋酸混合好，否则因二者的相对密度不同，使加进去的原料不均匀，会影响产率。

[3] 反应温度为 120～125℃，而乙醇沸点为 78℃，乙酸沸点为 116℃，若滴液漏斗不插入液面下，滴下的物质在液面就汽化，也就不能与催化剂硫酸有效的接触，从而使反应难以进行。

[4] 滴加速度太快，反应温度迅速下降，同时会使乙醇和乙酸来不及作用而被蒸出，影响产量。

[5] 温度太高，副产物乙醚的含量增加。

[6] 饱和食盐水主要是洗除粗产物中的少量碳酸钠。粗产物中，若带有碳酸钠，下一步用饱和氯化钙溶液洗涤时，就会生成碳酸钙沉淀。沉淀很细，悬浮于水和乙酸乙酯

中，使水和乙酸乙酯的界限不清，这将给分离带来困难。用饱和食盐水洗涤时，还可去除一部分水。此外，由于饱和食盐水的盐析作用，乙酸乙酯在饱和食盐水中的溶解度比在水中要小，可大大降低乙酸乙酯在洗涤时的损失。

［7］氯化钙与乙醇形成配合物而溶于饱和氯化钙溶液中。由此除去粗产物中所含的乙醇。

［8］加入无水硫酸镁（或碳酸钾）可除去产物中的水。

$$K_2CO_3+2H_2O \longrightarrow K_2CO_3 \cdot 2H_2O$$

由于乙酸乙酯与水形成沸点为 70.4℃的二元恒沸物（含水 8.1%），乙酸乙酯与乙醇形成沸点为 71.8℃的二元恒沸物（含乙醇 31.0%），乙酸乙酯、乙醇与水形成沸点为 70.2℃的三元恒沸物（含乙醇 8.4%、水 9%），如在蒸馏前不能将水和乙醇除尽，会影响产率。

思考题

1. 酯化反应过程中，硫酸起什么作用？
2. 蒸出的粗乙酸乙酯中主要有哪些杂质？如何除去这些杂质？

任务四　制备乙酸正丁酯

一、实验目的要求

1. 掌握乙酸正丁酯的制备原理和方法。
2. 掌握分水器的使用方法。
3. 复习巩固加热回流、蒸馏、洗涤等基本操作和技能。

二、实验所用仪器

圆底烧瓶（50mL）、分水器、冷凝管（直形、球形）、分液漏斗、蒸馏头、温度计（200℃）、接引管、接收器（小锥形瓶）、铁架台、铁夹、电热套等。

三、实验所用药品试剂

正丁醇：11.5mL（9.3g 或 0.125mol）；冰醋酸：7.2mL（7.5g 或 0.125mol）；浓硫酸；10%碳酸钠溶液；无水硫酸镁。

四、基本原理

羧酸酯可由羧酸和醇在催化剂存在下直接酯化制备，常用的催化剂有浓硫酸、氯化氢和甲苯磺酸等。

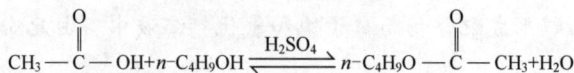

$$CH_3-\overset{O}{\overset{\|}{C}}-OH+n\text{-}C_4H_9OH \underset{}{\overset{H_2SO_4}{\rightleftharpoons}} n\text{-}C_4H_9O-\overset{O}{\overset{\|}{C}}-CH_3+H_2O$$

五、仪器装置

仪器装置如图 4-4-1 所示。

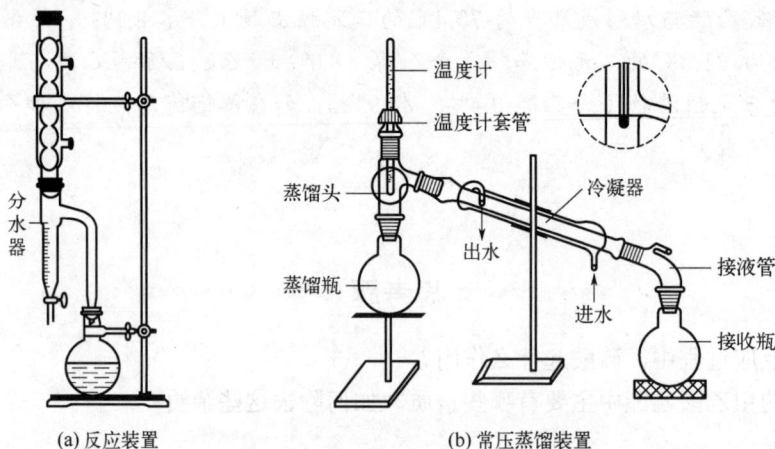

(a) 反应装置   (b) 常压蒸馏装置

图 4-4-1 制备乙酸正丁酯的实验装置

六、实验步骤

（一）粗产物的合成

1. 添加物料

在干燥的 50mL 圆底烧瓶中加入 11.5mL 正丁醇和 7.2mL 冰醋酸，再加入 3～4 滴浓硫酸，使其混合均匀，并加 1～2 粒沸石。

2. 安装仪器

将圆底烧瓶固定好，如图 4-4-1（a）所示，再在圆底烧瓶上安装分水器、冷凝管进行回流，并在分水器中事先加水至略低于支管口处 。

3. 进行反应

用电热套小火加热圆底烧瓶进行回流。回流速度不宜过快，反应一段时间后把水逐渐分出，保持分水器中水层液面在原来的高度，当回流 40～50min 后不再有水生成（分水器水层不再增加）时，停止加热，记录从分水器中放出的水量。冷却后按要求拆卸仪器。

（二）粗产物的提纯

1. 洗涤、干燥

将分水器中分出的有机相与圆底烧瓶中的反应液一起倒入分液漏斗。用 10mL 水洗涤，分去水层，将有机相依次用 10mL10%碳酸钠溶液、10mL 水洗涤至中性，分去水层。将有机相倒入一个干燥的 50mL 锥形瓶中，加入少量无水硫酸镁干燥，静置液体至澄清为止（约 30min），在这期间要间歇振荡。

2. 蒸馏

将干燥后的乙酸正丁酯过滤，除去硫酸镁，将滤液小心地倒入干燥的 50mL 圆底烧瓶中，加入 1～2 粒沸石，安装好蒸馏装置，如图 4-4-1（b）所示，加热蒸馏，收集 124～126℃的馏分。实验结束，拆卸蒸馏装置。

最后将所用仪器清洗干净，进行归位。

七、数据处理

称量产物重量＿＿＿g，测折射率。

（产量：10～11g。产率：69%～76%。纯乙酸正丁酯是具有酯香味的液体，沸点为126.1℃，d_4^{20} 为 0.882，n_D^{20} 为 1.3951。）

实验注意事项

［1］本实验中浓硫酸仅起到催化作用，故只需少量。滴加浓硫酸时，要边滴加边振摇。以免局部碳化，必要时可用冷水冷却。

［2］回流速度一般控制在 1～2 滴/s。

［3］根据放出的总水量减去预先加入分水器的水量，可以粗略地估计酯化反应完成的程度。

［4］酯化反应的粗产物，一般都采用此过程除去杂质。

思考题

1. 本实验采取了哪些措施提高反应的转化率？
2. 蒸出的粗乙酸正丁酯中主要有哪些杂质？如何除去这些杂质？

任务五　制备乙酸异戊酯

一、实验目的要求

1. 掌握乙酸异戊酯的制备原理和方法。
2. 进一步掌握分水器的使用方法。
3. 复习巩固加热回流、蒸馏、洗涤等基本操作和技能。

二、实验所用仪器

圆底烧瓶（100mL、50mL）、分水器、冷凝管（直形、球形）、分液漏斗、蒸馏头、温度计（200℃）、接引管、接收器（小锥形瓶）、铁架台、铁夹、电热套等。

三、实验所用药品试剂

异戊醇：18mL（0.166mol）；冰醋酸：24ml（0.42mol）；浓硫酸：3mL；饱和氯化钠溶液；10%碳酸氢钠溶液；无水硫酸镁。

四、基本原理

本实验采用冰醋酸和异戊醇在浓硫酸催化下发生酯化反应制取乙酸异戊酯，反应式如下：

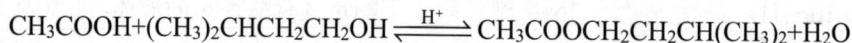

$$CH_3COOH+(CH_3)_2CHCH_2CH_2OH \underset{}{\overset{H^+}{\rightleftharpoons}} CH_3COOCH_2CH_2CH(CH_3)_2+H_2O$$

由于酯化反应是可逆的，本实验除了让反应物之一的冰醋酸过量外，还采用了带有分水器的回流装置，使反应中生成的水被及时分出，破坏平衡，使反应向正方向进行。

五、仪器装置

仪器装置如图 4-5-1 所示。

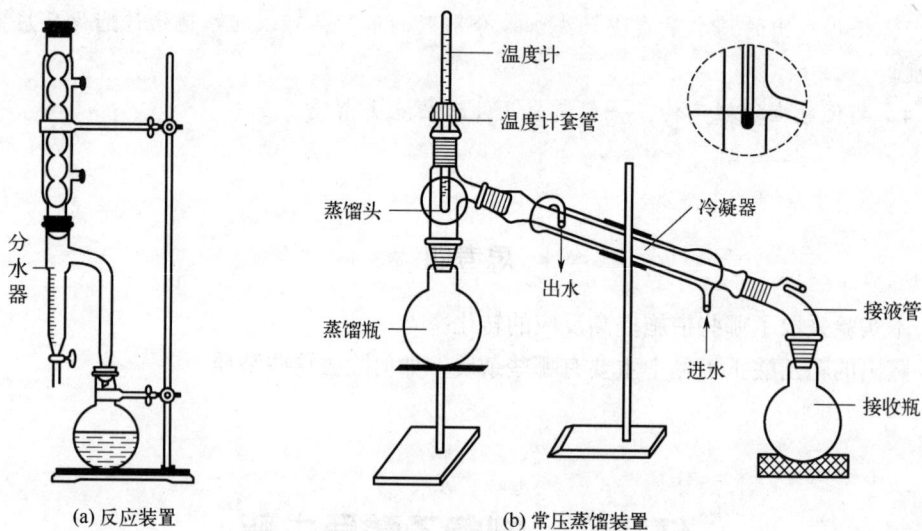

图 4-5-1　制备乙酸异戊酯的实验装置

六、实验步骤

（一）粗产物的合成

1. 添加物料

在干燥的 100mL 圆底烧瓶中加入 18mL 异戊醇和 24mL 冰醋酸，振摇下缓慢加入 3mL

浓硫酸，使其混合均匀，并加 1～2 粒沸石。

2. 安装仪器

将圆底烧瓶固定好，如图 4-5-1（a）所示，再在圆底烧瓶上安装分水器、回流冷凝管，并在分水器中事先加水至略低于支管口处。

3. 进行反应

用电热套小火加热圆底瓶进行回流。反应一段时间后把水逐渐分出，保持分水器中水层液面在原来的高度，当回流 1.5h 后不再有水生成（分水器水层不再增加）时，停止加热。冷却后按要求拆卸仪器。

（二）粗产物的提纯

1. 洗涤、干燥

将圆底烧瓶中的反应液倒入分液漏斗，并用 30mL 冷水洗涤圆底烧瓶内壁，将洗涤液一并倒入分液漏斗中，充分振摇后静置，待液层分界清晰后，弃去下层水溶液。将有机相再用 20mL10%碳酸氢钠溶液洗涤 2 次，弃去下层水溶液，用试纸检查水溶液的酸碱性，如不是碱性，可重复上述操作，直至水溶液呈碱性为止。最后再用 10mL 饱和氯化钠溶液洗涤一次，弃去下层水溶液。将有机相倒入一个干燥的 50mL 锥形瓶中，加入 3g 无水硫酸镁进行干燥，静置液体至澄清为止（约 30min），在这期间要间歇振荡。

2. 蒸馏

将干燥后的乙酸异戊酯过滤，除去硫酸镁，将滤液小心地倒入干燥的 50mL 圆底烧瓶中，加入 1～2 粒沸石，安装好蒸馏装置，如图 4-5-1（b）所示，加热蒸馏，收集 138～142℃的馏分。实验结束，拆卸蒸馏装置。

最后将所用仪器清洗干净，进行归位。

七、数据处理

称量产物重量＿＿＿g，测折射率。

（产量：11～13g。纯乙酸异戊酯是具有水果香味的液体，沸点为 142℃，d_4^{20} 为 0.876，n_D^{20} 为 1.4。）

> **实验注意事项**
>
> ［1］本实验中浓硫酸起到催化作用。滴加浓硫酸时，要边滴加边振摇。以免局部碳化，必要时可用冷水冷却。
> ［2］分水器水层不再增加。
> ［3］分液漏斗在使用前必须试漏。

> **思考题**
>
> 1. 酯化反应是可逆反应，采用何种方法可以使反应向右进行？

2．在分液漏斗中进行洗涤操作时，粗产品始终在哪一层？

3．在乙酸异戊酯的制备实验中，冰醋酸过量是出于什么考虑？

任务六　制备肥皂

一、实验目的要求

1．了解皂化反应原理及肥皂的制备方法。

2．熟练掌握普通回流装置的安装与操作。

3．熟悉盐析原理，熟练掌握沉淀的洗涤及减压过滤操作技术。

二、实验所用仪器

圆底烧瓶、球形冷凝管、铁架台、铁夹、托盘天平、量筒、烧杯、电热套、减压过滤装置等。

三、实验所用药品试剂

猪油（或植物油）：5g（10mL）；95%乙醇：15mL；40%氢氧化钠溶液：15mL；饱和食盐水：100mL。

四、基本原理

动物脂肪的主要成分是高级脂肪酸甘油酯。将其与氢氧化钠溶液共热，就会发生碱性水解（皂化反应），生成高级脂肪酸钠（即肥皂）和甘油。

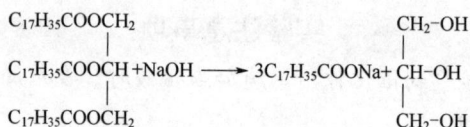

$$
\begin{array}{l}
C_{17}H_{35}COOCH_2 \\
\quad | \\
C_{17}H_{35}COOCH +NaOH \longrightarrow 3C_{17}H_{35}COONa+ \\
\quad | \\
C_{17}H_{35}COOCH_2
\end{array}
\quad
\begin{array}{l}
CH_2\text{-}OH \\
\quad | \\
CH\text{-}OH \\
\quad | \\
CH_2\text{-}OH
\end{array}
$$

在反应混合液中，再加入溶解度较大的无机盐，以降低水对有机酸盐（肥皂）的溶解作用，可使肥皂较为完全地从溶液中析出，这一过程叫作盐析。利用盐析的原理，可将肥皂和甘油较好地分离开。

五、仪器装置

仪器装置如图 4-6-1 所示。

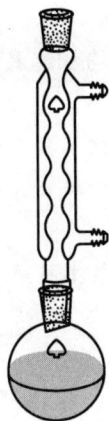

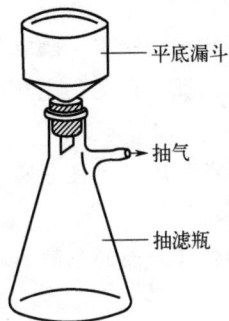

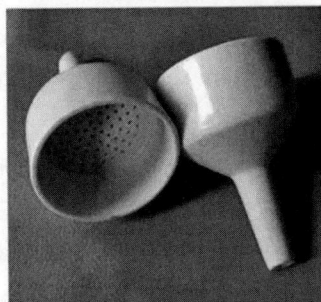

(a) 反应装置　　　　　　　　　　　(b) 减压过滤装置

平底漏斗

抽气

抽滤瓶

图 4-6-1　制备肥皂的实验装置

六、实验步骤

肥皂的制备

（视频）

（一）粗产物的合成

1. 添加物料

在圆底烧瓶中加入 5g 猪油（或 10mL 植物油），15mL 乙醇和 15mL 氢氧化钠溶液，使其混合均匀，并加 1～2 粒沸石。

2. 安装仪器

固定好圆底烧瓶，如图 4-6-1（a）所示，按要求安装冷凝管，并通入冷凝水。

3. 进行反应

用电热套加热圆底烧瓶，保持微沸 40min。在此期间，若烧瓶内产生大量泡沫，可从冷凝管上口滴加乙醇和 40%氢氧化钠混合液（按照 1∶1 的体积分数进行混合），以防泡沫冲入冷凝管中。当皂化反应结束后，拆卸回流装置。

（二）粗产物的提纯

1. 盐析

趁热将圆底烧瓶中的反应液倒入盛有 100mL 饱和食盐水的烧杯中，静置冷却，使其充分分层。

2. 过滤、洗涤、称量

将静置分层的皂化液倒入布氏漏斗中进行减压过滤，如图 4-6-1（b）所示。用适量的冷水洗涤沉淀两次，抽干。滤饼取出后随意压制成型，自然晾干。最后称量重量。

最后将所用仪器清洗干净，进行归位。

七、数据处理

称量肥皂的质量____g，检验制备出的肥皂的洗涤性能。

━━━━━━━ **思考题** ━━━━━━━

1. 肥皂是依据什么原理制备的？除猪油外，还有哪些物质可以用来制备肥皂？
2. 皂化反应后，为什么要进行盐析分离？

任务七　制备乙酰水杨酸

一、实验目的要求

1. 掌握乙酰水杨酸的制备原理和实验方法。
2. 复习巩固重结晶、抽滤等基本操作和技能。
3. 学习乙酰水杨酸纯度的鉴定方法。

二、实验所用仪器

圆底烧瓶（50mL）、冷凝管、循环水真空泵、抽滤瓶、布氏漏斗、恒温水浴锅、铁架台、铁夹等。

三、实验所用药品试剂

水杨酸：3.5g（0.025mol）；乙酸酐：5mL（0.05mol）；浓硫酸；95%乙醇。

四、基本原理

乙酰水杨酸又名阿司匹林，是十九世纪末合成出来的解热镇痛、治疗感冒的药物，至今仍广泛使用。它是由水杨酸和乙酸酐进行酯化反应而得到的。水杨酸是一种具有双官能团的化合物，一个是酚羟基，一个是羧基，羟基和羧基都可以发生酯化反应，还可以形成分子内氢键，阻碍酰化和酯化反应的发生。

将水杨酸和乙酸酐作用，通过乙酰化反应，使水杨酸分子中酚羟基上的氢原子被乙酰基取代，生成乙酰水杨酸，加入少量硫酸作催化剂，其作用是破坏水杨酸分子中羟基和羧基间形成的氢键，从而使酰化反应更易完成。最后用乙醇和水析出晶体，并进行重结晶。

其反应式为：

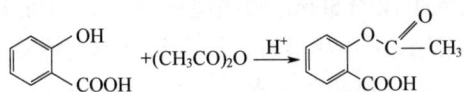

五、仪器装置

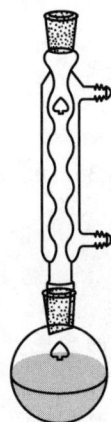 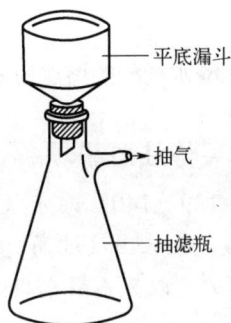 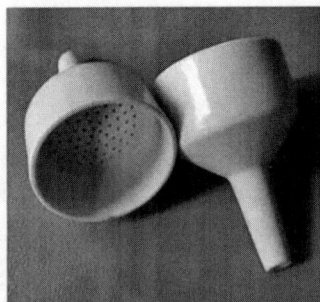

(a) 反应装置   (b) 减压过滤装置

图 4-7-1   制备乙酰水杨酸的实验装置

六、实验步骤

（一）粗产物的合成

1. 添加物料

在干燥的 50mL 圆底烧瓶中加入 3.5g（0.025mol）水杨酸和新蒸的 5mL（0.05mol）乙酸酐，再加入 5 滴浓硫酸，使其混合均匀，充分振摇，并加 1～2 粒沸石。

2. 安装仪器

将圆底烧瓶固定好，如图 4-7-1（a）所示，再在圆底烧瓶上安装回流冷凝管，并通入冷凝水。

3. 进行反应

将圆底烧瓶放在 80℃左右的水浴锅中，进行加热，待水杨酸全部溶解后，继续保温 20min，并保持振摇。

（二）粗产物的提纯

1．过滤、洗涤

稍冷后，将反应液在不断搅拌下倒入 50mL 冷水中，并用冷水浴冷却 15min，待晶体完全析出后，用布氏漏斗抽滤，如图 4-7-1（b）所示，用少量冰水洗涤 2 次，得乙酰水杨酸粗品。

2．重结晶

将乙酰水杨酸粗品，放入干燥的 50mL 圆底烧瓶中，加入 10mL95%乙醇和 1~2 粒沸石，安装冷凝管在水浴中加热回流，进行热溶解，待产品全部溶解后，取下圆底烧瓶，滴加冷的蒸馏水至沉淀析出，再加入 2mL 冷的蒸馏水，待沉淀完全析出。

3．过滤、洗涤

最后再用布氏漏斗抽滤，用少量冷的蒸馏水洗涤 2 次，干燥得白色结晶性粉末乙酰水杨酸。最后将所用仪器清洗干净，进行归位。

七、数据处理

称量产物重量____g，测熔点。

（产量：3~5g。产率：74%~80%。乙酰水杨酸的熔点为 136℃，d_4^{20} 为 1.35，n_D^{20} 为 1.4500。）

实验注意事项

［1］乙酸酐需要新蒸馏的，收集 139~140℃馏分。

［2］反应温度要控制在 70℃左右，反应温度过高，将增加副产物的生成。

［3］重结晶时，溶液不能加热过久，以免乙酰水杨酸分解。

思考题

1．本实验为什么要使用新蒸馏出的乙酸酐？

2．本实验是否可以用乙酸代替乙酸酐？

3．本实验中可产生什么副产物？

任务八　制备肉桂酸

一、实验目的要求

1．通过肉桂酸的制备，学习并掌握珀金（Perkin）反应及原理。

2．掌握水蒸气蒸馏的原理、方法及应用。

3．进一步掌握固体有机化合物的提纯方法：脱色、热过滤、重结晶等。

二、实验所用仪器

三口烧瓶、球形冷凝管、温度计、水蒸气蒸馏装置、布氏漏斗、抽滤瓶、循环水真空泵、电热套、烧杯、量筒、玻璃棒、橡胶塞等。

三、实验所用药品试剂

苯甲醛（新蒸）：5.0mL；乙酸酐（新蒸）：7.5mL；无水碳酸钾：3.0g；碳酸钠：7.5g；浓盐酸；活性炭；pH试纸；滤纸；沸石等。

四、基本原理

肉桂酸的化学名称为 β-苯丙烯酸，有顺式和反式两种异构体，通常以反式形式存在。肉桂酸是生产医药、化妆品、香料、塑料和感光树脂的重要原料。

肉桂酸的合成方法有很多，但实验室里常用的是用珀金（Perkin）反应来合成肉桂酸。珀金反应是指在碱性催化剂的作用下，芳香醛和乙酸酐反应生成 β-芳基-α，β-不饱和芳香酸的反应。催化剂通常用的是相应酸酐的羧酸钾（钠）盐，也可使用碳酸钾。

本实验是以苯甲醛和乙酸酐为原料，在无水碳酸钾的催化条件下，发生缩合反应，得到肉桂酸。由于乙酸酐遇水易水解，催化剂碳酸钾易吸水，故要求反应器是干燥的。如有条件，乙酸酐和苯甲醛最好用新蒸馏的。

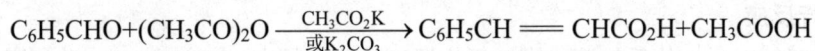

$$C_6H_5CHO+(CH_3CO)_2O \xrightarrow[\text{或}K_2CO_3]{CH_3CO_2K} C_6H_5CH = CHCO_2H+CH_3COOH$$

反应结束后，反应混合物中除了生成的肉桂酸以外，还有少量未反应的苯甲醛，可采用水蒸气蒸馏的方法除去。

珀金法制肉桂酸具有原料易得、反应条件温和、分离简单、产率高、副反应少等优点。

五、仪器装置

仪器装置如图4-8-1所示。

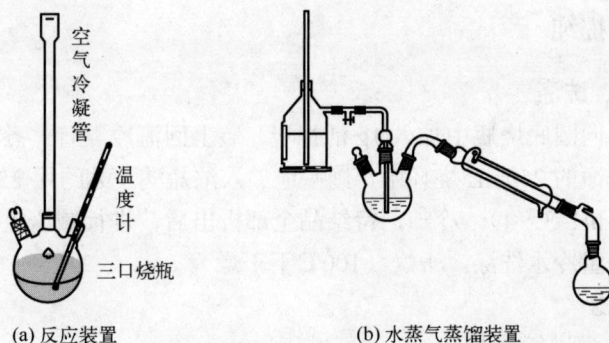

(a) 反应装置   (b) 水蒸气蒸馏装置

图 4-8-1

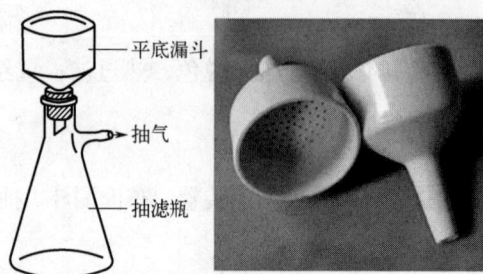

(c)减压过滤装置

图 4-8-1　制备肉桂酸的实验装置

六、实验步骤

（一）粗产物的合成

1. 添加物料

在 100mL 三口烧瓶中加入 5.0mL 新蒸馏出的苯甲醛，7.5mL 乙酸酐和 3.0g 研细的无水碳酸钾，振荡使其混合均匀，加入 1～2 粒沸石。

2. 安装仪器

将三口烧瓶固定好，如图 4-8-1（a）所示，在三口烧瓶的中间口上安装空气冷凝管（由于蒸气温度高于 140℃，所以采用空气冷凝管），一个侧口上安装温度计，且温度计须插入反应液中，另一个侧口用塞子塞上。

3. 进行反应

用电热套低电压加热反应液，维持反应温度始终保持在 150～170℃，并使回流反应进行 70min。回流反应结束后，拆卸仪器。

将三口烧瓶中的反应物趁热倒入 250mL 圆底烧瓶中，并以少量沸水冲洗三口烧瓶，使反应物全部转移至 250mL 烧瓶中。再慢慢加入适量（5～7.5g）的固体碳酸钠，并使固体全部溶解，使溶液 pH 约等于 8。

然后安装水蒸气蒸馏装置，如图 4-8-1（b）所示，进行水蒸气蒸馏。直至馏出液中无油珠为止，停止加热，拆卸仪器。

（二）粗产物的提纯

1. 脱色、过滤、洗涤

待烧瓶冷却后，向圆底烧瓶中加入 1g 活性炭，装上回流冷凝管，煮沸 5～8min，趁热过滤。将滤液转移至干净的 250mL 烧杯中，慢慢地加入浓盐酸（大约用 25mL 浓盐酸）进行酸化，至溶液呈酸性（pH=3～4）。冷却，待结晶全部析出后，进行减压过滤，装置如图 4-8-1（c）所示。晶体用少量冷水洗涤，干燥（100℃下干燥）。

2. 重结晶、过滤

用热水或 70%乙醇进行重结晶，再进行减压过滤。

最后将所用仪器清洗干净，进行归位。

七、数据处理

称量产物质量＿＿＿ g，测熔点。

（产量：约7.4g。产率：50%～60%。纯肉桂酸（反式）为白色片状结晶，熔点为133℃，d_4^{20} 为1.2475。）

======= **实验注意事项** =======

［1］久置后的苯甲醛易自动氧化成苯甲酸，苯甲酸混在产物中不易除净，所以在使用苯甲醛之前必须蒸馏。

［2］放久了的乙酸酐易潮解吸水成乙酸，所以在实验前必须将乙酸酐重新蒸馏。

［3］无水碳酸钾，必须是新干燥的，它的吸水性很强，操作要快。它的干燥程度对反应能否进行和产量的提高都有明显的影响。

［4］反应开始时需要低压加热，加热不要过猛，控制反应呈微沸状态，如果反应液激烈沸腾易使乙酸酐受热分解而挥发。

［5］反应温度不宜过长，在反应温度下长时间加热，肉桂酸脱羧成苯乙烯，进而生成苯乙烯低聚物。

［6］反应物必须趁热倒出，否则易凝成块状。热过滤时布氏漏斗要事先在沸水中预热，动作要快。

［7］加入碳酸钠时最好分批加入，防止产生大量的CO_2气体使溶液冲出烧瓶。

［8］进行酸化时要慢慢加入浓盐酸，一定不要加入太快，以免产品冲出烧杯造成产品损失。

======= **思考题** =======

1. 本实验中，若原料苯甲醛中含有少量苯甲酸，应该如何处理？
2. 本实验中，为什么要用新蒸馏的苯甲醛？
3. 该制备实验过程中，水蒸气蒸馏步骤的目的是什么？
4. 肉桂酸实验在制备阶段有哪些仪器需要干燥？为什么？
5. 什么情况下需要采用水蒸气蒸馏？

任务九　制备己二酸

一、实验目的要求

1. 学习用氧化法制备己二酸的原理和方法。

2. 进一步掌握回流、搅拌、抽滤、洗涤、浓缩、重结晶等基本操作技能。

二、实验所用仪器

三口烧瓶、滴液漏斗、加热电磁搅拌器、温度计、烧杯、布氏漏斗、抽滤瓶、循环水式多用真空泵、滤纸、pH 试纸等。

三、实验所用药品试剂

环己醇：2.1mL；高锰酸钾：6.0g；浓盐酸；1.2%氢氧化钠；亚硫酸氢钠；浓盐酸；活性炭等。

四、基本原理

最常用的制备羧酸的方法是氧化烯、醇、醛等化合物。常用的氧化剂有高锰酸钾、重铬酸钾（钠）的硫酸溶液、过氧化氢、过氧乙酸及硝酸等。

本实验采用环己醇在高锰酸钾的碱性条件下发生氧化反应，然后酸化得到己二酸。

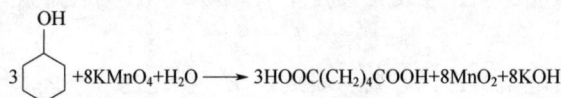

$$3 \; \underset{}{\text{OH}} +8KMnO_4+H_2O \longrightarrow 3HOOC(CH_2)_4COOH+8MnO_2+8KOH$$

五、仪器装置

仪器装置如图 4-9-1 所示。

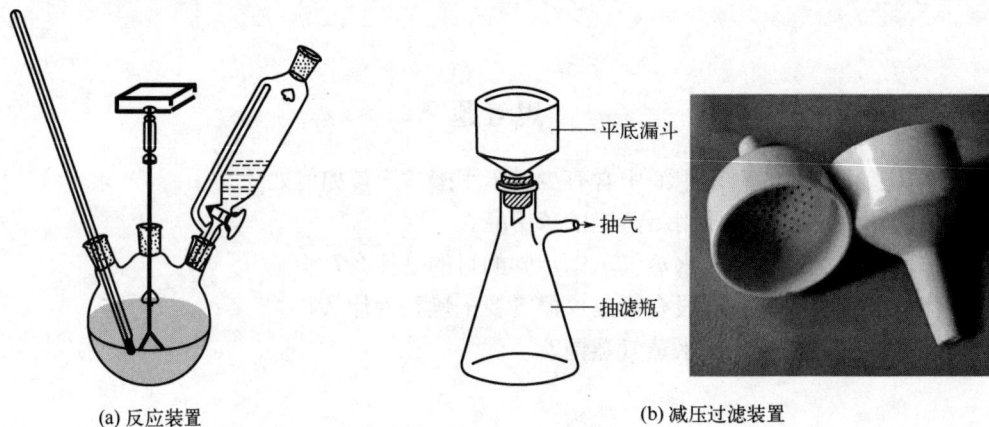

(a) 反应装置　　　　　　　　　　　　(b) 减压过滤装置

图 4-9-1　制备己二酸的实验装置

六、实验步骤

（一）粗产物的合成

1. 添加物料

在 125mL 三口烧瓶中，加入 50mL1.2%氢氧化钠溶液和 6g 研细的高锰酸钾。在滴液漏斗中加入 2.1mL 环己醇。

2. 安装仪器

固定 125mL 三口烧瓶，如图 4-9-1（a）所示，装上电动搅拌器（或磁力搅拌器）、滴液漏斗、温度计等。

3. 进行反应

在搅拌下，使固体高锰酸钾全部溶解，然后慢慢滴加环己醇，维持三口烧瓶内反应液的温度在 43～49℃。当环己醇加完，待反应体系温度自然降至 42℃ 左右时，再在沸水浴中加热混合物 10～15min，使氧化反应进行完全，并使反应生成的二氧化锰沉淀完全。

检验高锰酸钾是否作用完全：用玻璃棒蘸一滴反应混合物点到滤纸上做点滴实验。如有高锰酸盐存在，则在棕色二氧化锰点的周围出现紫色的环，可加入少量固体亚硫酸氢钠，直到点滴实验无紫色为止。

（二）粗产物的提纯

1. 过滤、洗涤

反应完全后趁热减压过滤，如图 4-9-1（b）所示，收集滤液。滤渣用少量热水洗涤 3 次，每次均用玻璃塞挤压，尽量除去滤渣中的水分。

2. 酸化、脱色、过滤

将滤液和洗涤液合并。滤液中加入约 4mL 浓盐酸进行酸化，直到溶液呈强酸性（用试纸检验）。小心加热酸化后的滤液，使之蒸发浓缩至约 10mL，加少量活性炭脱色，在冰水浴中冷却至结晶完全。抽滤，用 3mL 冷水洗涤结晶，晾干。

3. 重结晶、过滤

若要得到纯净的己二酸，可用水进行重结晶，然后再进行减压抽滤。

最后将所用仪器清洗干净，进行归位。

七、数据处理

称量产物质量＿＿＿ g，测熔点。

（产量：1～2g，产率：31%～48%。纯己二酸为白色棱状晶体，熔点为 151～153℃。）

实验注意事项

［1］ $KMnO_4$ 要研细，目的是利于 $KMnO_4$ 充分反应。

［2］环己醇熔点为 25.1℃，在较低温度下为针状晶体，熔化时为黏稠液体，不易倒净。因此量取后可用少量水冲洗量筒，一并加入至滴液漏斗中，这样既可减少器壁黏附损失，也可因为少量水的存在而降低环己醇的熔点，避免在滴加过程中结晶堵塞滴液漏斗。

［3］本反应强烈放热，环己醇切不可一次加入太多，否则反应太剧烈，可能引起爆炸。若滴加过快，反应过猛，会使反应物冲出反应器，若反应过于缓慢，未作用的环己醇将积蓄起来，一旦反应变得剧烈，则部分环己醇迅速被氧化，也会引起爆炸。所以滴加环己醇时必须撤去热源，必要时用冷水冷却。

［4］在沸水浴中加热并同时搅拌可使反应进行得更完全，但这一步必须在反应体系温度下降后方可进行。

［5］用热水洗涤 MnO_2 滤饼时，每次加水量为 5～10mL，不可太多。

［6］用浓盐酸酸化时，要慢慢滴加，酸化至 pH=1～3。

［7］对浓缩反应结束后的溶液，宜掌握好体积。若浓缩液过多，则会因水溶解而损失；若浓缩液过少，部分无机盐析出，则会影响产物的纯度。

思考题

1. 制备羧酸的常用方法有哪些？

2. 在本实验中，为什么必须严格控制环己醇的滴加速率和反应的温度？

3. 在本实验的点滴实验中，在棕色二氧化锰点的周围出现紫色的环时，为什么要加入亚硫酸氢钠？

4. 实验过程中为什么要加入盐酸进行溶液的酸化？除用盐酸酸化外，是否还可用其他酸酸化？为什么？

任务十　制备环己酮

一、实验目的要求

1. 学习铬酸氧化法制备环己酮的原理和方法。

2. 通过醇转变为酮的实验，进一步了解醇和酮之间的联系和区别。

3. 进一步掌握滴加、搅拌、萃取、蒸馏等相关的基本操作。

二、实验所用仪器

圆底烧瓶、烧杯、蒸馏装置、温度计、分液漏斗、水浴锅、电热套等。

三、实验所用药品试剂

重铬酸钠：5.5g；浓硫酸：4.5mL；环己醇：5.3mL；乙醚；无水碳酸钾；精盐；沸石等。

四、基本原理

有机化合物的典型氧化反应有烯、炔、芳烃侧链的氧化和醇、酚、醛、酮的氧化等。常用的氧化剂有氧气（空气）、臭氧、过氧化氢、高锰酸钾及重铬酸钾的硫酸溶液、托伦试剂、斐林试剂等。选用时要注意各种氧化剂的应用范围及作用。

实验室制备脂环醛酮，最常用的方法是将伯醇和仲醇用铬酸氧化。铬酸是重要的铬酸盐和 40%～50%硫酸的混合物。仲醇被铬酸氧化成酮，而酮对氧化剂比较稳定，不易进一步氧化。铬酸氧化醇是一个放热反应，必须严格控制反应的温度，以免反应过于剧烈。

环己酮是应用十分广泛的石油化工原料，本实验是以环己醇和铬酸为原料，制得的环己酮。反应方程式为：

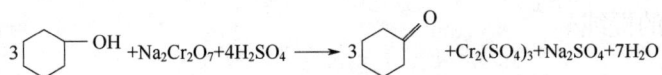

$$3 \bigcirc\!\!-OH + Na_2Cr_2O_7 + 4H_2SO_4 \longrightarrow 3 \bigcirc\!\!=O + Cr_2(SO_4)_3 + Na_2SO_4 + 7H_2O$$

五、仪器装置

仪器装置如图 4-10-1 所示。

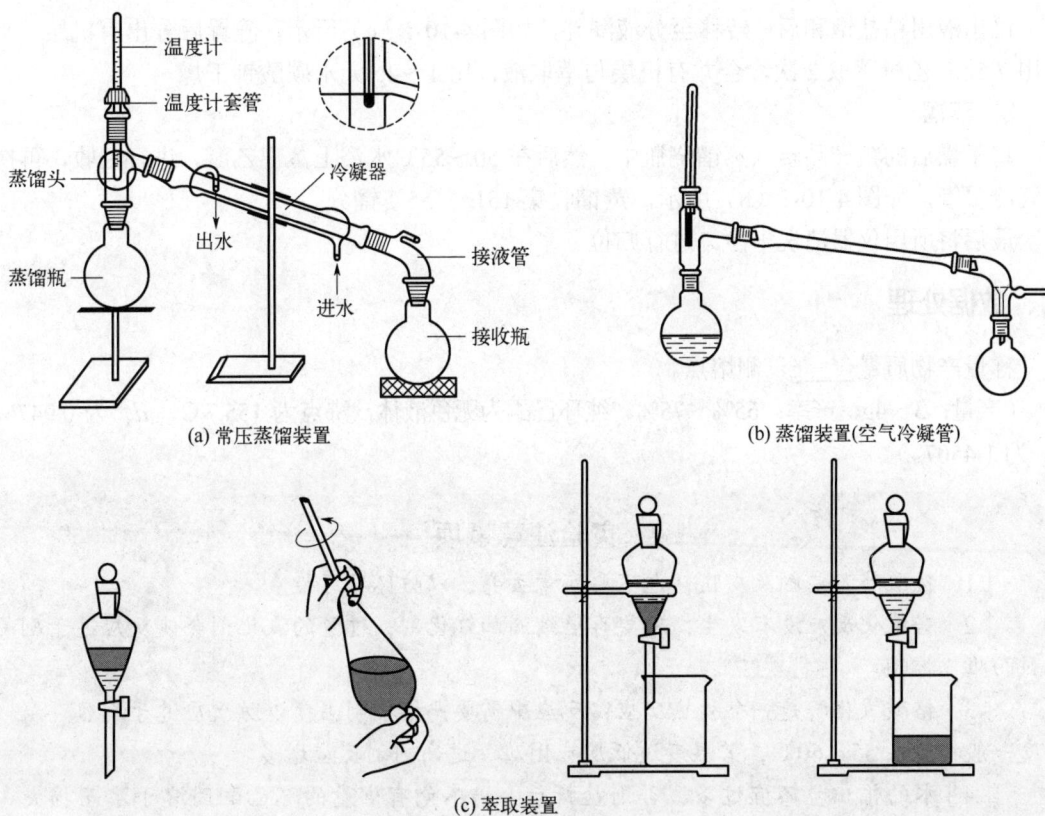

(a) 常压蒸馏装置   (b) 蒸馏装置(空气冷凝管)

(c) 萃取装置

图 4-10-1　制备环己酮的实验装置

六、实验步骤

（一）粗产物的合成

1. 配制铬酸溶液

将 5.5g 重铬酸钠（$Na_2Cr_2O_7 \cdot 2H_2O$）溶于 30mL 水中，在搅拌下慢慢加入 4.5mL 浓硫

酸，得一橙红色溶液，冷却至 30℃ 以下备用。

2. 进行反应

在 250mL 圆底烧瓶中，依次加入 5.3mL 环己醇和上述制备好的铬酸溶液，摇振使其充分混合。放入一支温度计，测量初始温度，并观察温度变化。当温度上升至 55℃ 时，立即用水浴冷却，保持反应温度在 55～60℃ 之间。约 30min 后，温度开始出现下降趋势，移去水浴，再放置 30min 以上，其间要不时摇振，使反应完全，反应液呈墨绿色。

（二）粗产物的提纯

1. 蒸馏

往圆底烧瓶内加入 30.0mL 水和 1～2 粒沸石，改成蒸馏装置，如图 4-10-1（a）所示。将环己酮与水一起蒸出来，直至馏出液不再有浑浊，再多蒸 8～10mL，收集馏出液约 25mL。

2. 萃取、干燥

馏出液用精盐饱和后，转移至分液漏斗，如图 4-10-1（c）所示，静置后分出有机层。水层用 7.5mL 乙醚萃取 2 次，合并有机层与萃取液，用 1～2g 无水碳酸钾干燥。

3. 蒸馏

将干燥后的粗产品转入蒸馏烧瓶中，然后在 50～55℃ 水浴上蒸出乙醚，进行回收，再换空气冷凝管，如图 4-10-1（b）所示，蒸馏收集 151～155℃ 馏分。

最后将所用仪器清洗干净，进行归位。

七、数据处理

称量产物质量＿＿＿g，测熔点。

（产量：3～4g，产率：65%～75%。纯环己酮为无色液体，沸点为 155.7℃，d_4^{20} 为 0.9476，n_D^{20} 为 1.4507。）

实验注意事项

[1] 废酸液不要触及皮肤，也不要随意丢弃，以防环境污染。

[2] 若氧化反应没有发生，不要再继续滴加氧化剂，过量的氧化剂会使反应过于剧烈而难以控制。

[3] 铬酸氧化醇是一个放热反应，反应中需要严格控制温度以防反应过于剧烈。温度一般控制在 55～60℃，若温度过低反应困难，过高则副反应增多。

[4] 水的馏出量不宜过多，否则盐析后，仍不免有少量的环己酮因溶于水而损失掉。环己酮在水中的溶解度在 31℃ 时为 2.4g。

[5] 产物相对密度（0.9476）与水相差不大且在水中有一定的溶解度（2.4g/100mL 水，31℃）。如果出现分层不明显的现象，可加入饱和食盐水或少量乙醚，再分层萃取。

思考题

1. 环己醇用铬酸氧化得到环己酮的实验中，可能会有哪些副产物？写出有关反应方程式。

2. 环己醇用铬酸氧化得到环己酮，用高锰酸钾氧化则得己二酸，为什么？

3. 用铬酸氧化法制备环己酮的实验过程中，为什么要振摇？

4. 用铬酸氧化法制备环己酮的实验，为什么要严格控制反应温度在 55～60℃之间，温度过高或过低有什么不好？

5. 利用伯醇氧化制备醛时，为什么要将铬酸溶液加入醇中而不是反之？

任务十一　制备苯乙酮

一、实验目的要求

1. 学习利用傅克酰基化反应（Friedel-Crafts 反应）制备芳香酮的原理与方法。
2. 掌握无水实验操作的基本实验方法。
3. 进一步掌握电动搅拌、气体吸收、蒸馏等基本实验操作技能。

二、实验所用仪器

100mL 三颈圆底烧瓶（也叫"三口烧瓶"）、恒压滴液漏斗、回流冷凝管、机械搅拌器、分液漏斗、蒸馏装置、电热套、烧杯、量筒等。

三、实验所用药品试剂

无水三氯化铝：10.0g；无水苯：16.0mL；乙酸酐：4.0mL；浓盐酸：18.0mL；10%氢氧化钠：15.0mL；无水氯化钙。

四、基本原理

傅克酰基化反应（Friedel-Crafts 反应），是一类芳香族亲电取代反应，指的是苯及其衍生物与酰化试剂在路易斯酸或质子酸催化下，在苯环上引入一个酰基，生成芳香酮的反应。它是一个可逆反应，最常用的催化剂是无水三氯化铝，常用的酰化试剂是乙酸酐，需要在惰性溶剂中进行。傅克酰基化反应是制备芳香酮的最重要方法，也是最常用的方法。

实验室中常使用傅克酰基化反应来制备芳香酮，在无水三氯化铝存在下，酰氯或酸酐与活泼的芳香化合物反应可以制得高产率的芳香酮,制备中常使用酸酐代替酰氯作为酰化试剂，这是因为酸酐比酰氯原料易得、操作简单、反应平稳、产率高、反应时无明显的副反应而且无有害气体放出，使生成的芳香酮容易提纯。

本实验是以苯和乙酸酐为原料，在无水三氯化铝存在下，制得高产率的苯乙酮，反应式如下：

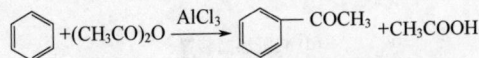

$$\bigcirc +(CH_3CO)_2O \xrightarrow{AlCl_3} \bigcirc\!\!-COCH_3 +CH_3COOH$$

反应中苯是过量的，既是反应物又可作为溶剂。酰基化反应一般是放热的，需将酰化试剂配成溶液后慢慢滴加到苯溶液中，密切注意反应温度的变化。

五、仪器装置

仪器装置如图 4-11-1 所示。

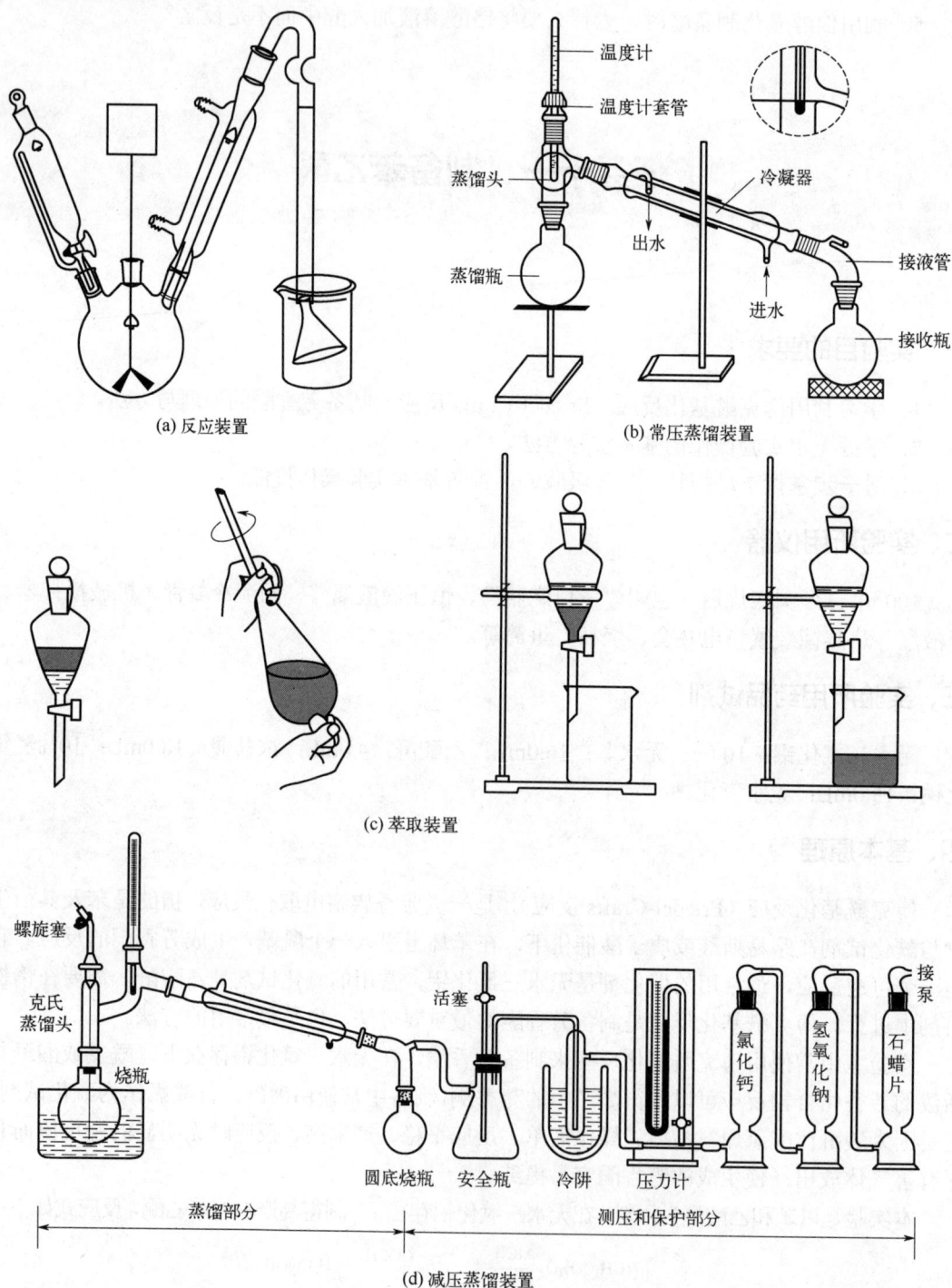

(a) 反应装置

(b) 常压蒸馏装置

温度计
温度计套管
蒸馏头
出水
蒸馏瓶
冷凝器
接液管
进水
接收瓶

(c) 萃取装置

螺旋塞
克氏
蒸馏头
烧瓶
活塞
氯化钙
氢氧化钠
石蜡片
接泵
圆底烧瓶
安全瓶
冷阱
压力计

蒸馏部分

测压和保护部分

(d) 减压蒸馏装置

图 4-11-1　制备苯乙酮的实验装置

六、实验步骤

（一）粗产物的合成

1. 添加物料

在 100mL 干燥的三颈烧瓶中，迅速加入研细的 10.0g 无水三氯化铝和 16.0mL 无水苯，在恒压滴液漏斗中加入 4.0mL 新蒸出的乙酸酐。

2. 安装仪器

迅速固定好三颈烧瓶，如图 4-11-1（a）所示，按要求安装干燥的恒压滴液漏斗、机械搅拌器和冷凝管，冷凝管的上端装上带有无水氯化钙的干燥管，并配有气体吸收装置，反应过程中逸出的气体由 40%NaOH 溶液吸收。

3. 进行反应

在搅拌下，慢慢滴加恒压滴液漏斗中的 4.0mL 乙酸酐，需要严格控制乙酸酐的滴加速度，使烧瓶稍热为宜，但不要使反应过于剧烈，加完乙酸酐（约 15min），待反应速度缓和一些后，在沸水浴中搅拌加热回流约 30min，直至不再有 HCl 气体逸出为止。

（二）粗产物的提纯

1. 萃取、干燥

将反应混合物冷却至室温，在不断搅拌下倒入盛有 18mL 浓盐酸和约 40g 碎冰的烧杯中（在通风橱中进行），充分搅拌后，若仍有固体存在，需要补加适量浓盐酸使之完全溶解。将混合物转入分液漏斗中，如图 4-11-1（c）所示，分出有机层，水层用苯萃取 2 次（每次 8mL），合并有机层，依次用 15mL10%NaOH 溶液、10mL 水各洗涤一次，再移入干燥的锥形瓶中，用无水硫酸镁进行干燥，约 40min。

2. 蒸馏

将干燥后的粗产物转移到圆底烧瓶中，如图 4-11-1（b）所示，水浴上蒸馏回收苯，然后在石棉网上加热蒸去残留的苯，当温度上升至 140℃左右时，停止加热，稍冷却后改用减压蒸馏，如图 4-11-1（d）所示，收集 197~202℃的馏分。

最后将所用仪器清洗干净，进行归位。

七、数据处理

称量产物质量＿＿＿ g，测熔点。

（产量：约3g，产率：60%~70%。纯苯乙酮为无色透明油状液体，熔点为 20.5℃，d_4^{20} 为 1.0281，n_D^{20} 为 1.5372。）

实验注意事项

［1］无水三氯化铝易吸潮，称取和加入时都应迅速，要避免它与皮肤接触，投料时将纸卷成筒状插入瓶颈，本实验中无水三氯化铝的干燥程度对实验的影响很大。

［2］本实验使用的仪器和试剂均需要充分干燥，装置中凡是与空气相连的部位，应安装干燥管，但是氯化氢气体吸收装置除外。

［3］滴加乙酸酐时，反应放热，要注意反应温度的控制，温度高对反应不利，一般水温控制在60℃以下即可。

［4］分解乙酸酐-苯溶液与三氯化铝的配合物时，放出大量热和HCl气体，故此操作加入碎冰并在通风橱中进行。

━━━━ 思考题 ━━━━

1. 苯乙酮的合成实验，为什么需要在无水条件下进行？
2. 反应完成后为什么要加入浓盐酸和冰水的混合液？
3. 在该实验中，为何用过量的苯和三氯化铝？
4. 为什么硝基苯可作为反应的溶剂？

任务十二　制备乙醚

一、实验目的要求

1. 学习乙醇分子间脱水制备乙醚的原理和方法。
2. 掌握低沸点易燃液体蒸馏的操作技能。
3. 巩固液体的洗涤和干燥等操作技能。

二、实验所用仪器

100mL三颈圆底烧瓶、滴液漏斗、回流冷凝管、温度计、分液漏斗、蒸馏装置、电热套、烧杯、量筒等。

三、实验所用药品试剂

95%乙醇、浓硫酸、5%氢氧化钠溶液、饱和氯化钠溶液、饱和氯化钙溶液、无水氯化钙。

四、基本原理

醚是有机合成中常用的有机溶剂。简单的醚常用醇分子间脱水的方法来制备，常用的脱水剂是浓硫酸。此方法常用于低级伯醇合成相应的简单醚。由于反应是可逆的，通常采用蒸出反应产物（醚或水）的方法，使反应向生成醚的方向移动。同时必须严格控制温度，减少副产物的生成。

制备乙醚时，由于反应温度比乙醇的沸点高很多，所以将催化剂硫酸加热至所需的温度，然后滴加乙醇，使反应立即进行，避免乙醇的蒸出。由于乙醚的沸点低，通过生成后就将其从反应瓶中蒸出的方法，提高产率。

主反应：

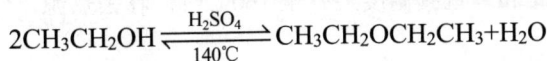

$$2CH_3CH_2OH \underset{140℃}{\overset{H_2SO_4}{\rightleftharpoons}} CH_3CH_2OCH_2CH_3 + H_2O$$

副反应：

$$CH_3CH_2OH + H_2SO_4 \longrightarrow CH_3CHO + SO_2 + H_2O$$

$$CH_3CHO + H_2SO_4 \longrightarrow CH_3COOH + SO_2 + H_2O$$

$$CH_3CH_2OH \overset{H_2SO_4}{\longrightarrow} CH_2 \!\!=\!\! CH_2 + H_2O$$

五、仪器装置

仪器装置如图 4-12-1 所示。

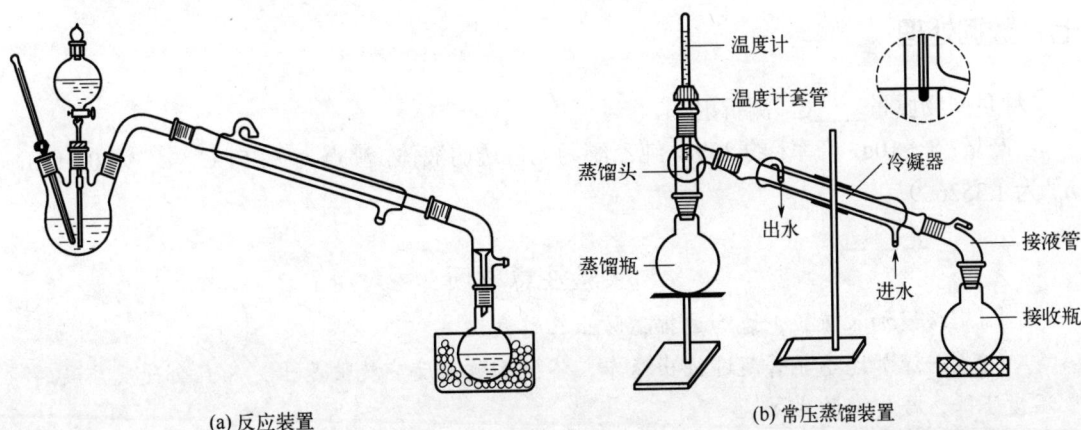

(a) 反应装置　　　　　　　　(b) 常压蒸馏装置

图 4-12-1　制备乙醚的实验装置

六、实验步骤

（一）粗产品的合成

1. 添加物料

在 100mL 的三颈烧瓶中，加入 13mL 95%乙醇，将三口烧瓶浸入冰水浴中，缓慢加入12.5mL 浓硫酸，混合均匀，并加入 1～2 粒沸石。滴液漏斗内盛放 25mL 95%乙醇。

2. 安装仪器

固定好三颈烧瓶，如图 4-12-1（a）所示，并按要求安装滴液漏斗、温度计和冷凝管，漏斗末端和温度计的水银球必须浸入液面以下，距瓶底 0.5～1cm 处。接收瓶需要浸入冰水浴中冷却，接液管的支管接上橡胶管通入下水道。

3. 进行反应

用电热套加热，使反应液温度迅速上升到 140℃，由滴液漏斗慢慢滴加乙醇，控制滴入速率和馏出液速率大致相等，约 1 滴/s，并维持反应温度在 135～145℃之间，30～45min 滴加完毕。再继续加热 10min，直到温度上升至 160℃时，移去热源，停止反应。

（二）粗产品的提纯

1. 洗涤、干燥

将馏出液转入分液漏斗中，依次用 8mL 5%氢氧化钠溶液、8mL 饱和氯化钠溶液洗涤，最后用 8mL 饱和氯化钙溶液洗涤 2 次。分出醚层，冰水冷却下，加 2～3g 无水氯化钙干燥。待瓶内乙醚澄清即可，约 40min。

2. 蒸馏

将干燥后的粗产物转移到圆底烧瓶中，水浴上加热（约 60℃）蒸馏，如图 4-12-1（b）所示，收集 33～38℃馏分。

最后将所用仪器清洗干净，进行归位。

七、数据处理

称量产物质量____g，测折射率。

（产量：8～10g，产率：约 35%。纯乙醚为无色透明液体，沸点为 34.51℃，d_4^{20} 为 0.7138，n_D^{20} 为 1.3526。）

实验注意事项

［1］缓慢加入硫酸，边加边摇，防止乙醇氧化。

［2］若滴加速率显著超过馏出速率，不仅乙醇未反应就被蒸出，而且会使反应液的温度下降，减少醚的生成。

［3］使用或精制乙醚时，实验台周围严禁明火。

［4］氢氧化钠溶液洗涤后，若直接用氯化钙溶液洗涤，由于乙醚溶液碱性太强，会有氢氧化钙沉淀析出，为洗去残留的碱并减少乙醚在水中的溶解度，故在氯化钙洗涤前先用饱和氯化钠洗涤。

［5］乙醚与水形成共沸物，馏分中还含有少量乙醇，故沸程较长。

思考题

1. 制备乙醚时，反应温度过高、过低或乙醇滴入速率过快有什么不好？
2. 蒸馏和使用乙醚时，应注意哪些事项？为什么？
3. 粗制乙醚中含有哪些杂质？怎样除掉这些杂质？
4. 制备乙醚时，为何滴液漏斗的末端浸入反应液中？

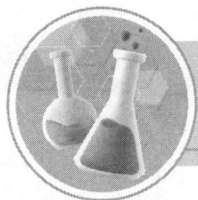

任务十三　制备正丁醚

一、实验目的要求

1. 学习正丁醇分子间脱水制备正丁醚的原理和方法。
2. 学习使用分水器的实验操作。
3. 巩固液体的洗涤和干燥等操作技能。

二、实验所用仪器

100mL 三颈圆底烧瓶、恒压滴液漏斗、回流冷凝管、机械搅拌器、分液漏斗、蒸馏装置、电热套、烧杯、量筒等。

三、实验所用药品试剂

正丁醇、浓硫酸、5%氢氧化钠溶液、饱和氯化钙溶液、无水氯化钙。

四、基本原理

醇分子间脱水是制备简单醚的常用方法，催化剂通常是硫酸、氧化铝、苯磺酸等。本实验用硫酸作催化剂，丁醇分子间脱水制备丁醚。由于温度对反应影响很大，必须严格控制反应温度，减少副反应的发生。

主反应：

$$2C_4H_9OH \xrightarrow[134\sim135℃]{浓H_2SO_4} C_4H_9OC_4H_9+H_2O$$

副反应：

$$C_4H_9OH \xrightarrow[>135℃]{浓H_2SO_4} C_2H_5CH\!\!=\!\!CH_2+H_2O$$

五、仪器装置

仪器装置如图 4-13-1 所示。

六、实验步骤

（一）粗产品的合成

1. 添加物料

在 100mL 的三颈烧瓶中，加入 31mL 正丁醇，4.5mL 浓硫酸，且需要将浓硫酸分数批加入，每加入一批都需要充分摇振，加完后再用力充分摇匀，然后加入 1～2 粒沸石。

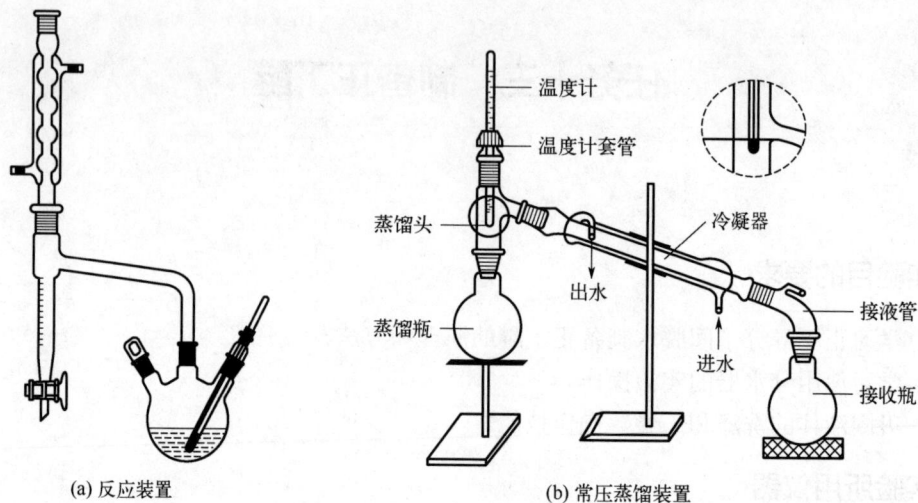

(a) 反应装置   (b) 常压蒸馏装置

图 4-13-1   制备正丁醚的实验装置

2. 安装仪器

固定好三颈烧瓶，如图 4-13-1（a）所示，并按要求安装分水器、温度计和冷凝管，分水器内预先加水至支管口后，放出 3.5mL 水。

3. 进行反应

用电热套小火加热三口烧瓶，使瓶内液体微沸，进行分水。随着反应的进行，回流液经冷凝管收集在分水器内，分液后的水层沉于下层，有机层浮于水面上。待有机层液面升至支管口时即流回三口烧瓶中。平稳回流直至水面上升至与支管口下沿相齐时，即可停止反应，历时约 1.5h，反应液温度约 135℃。若继续加热，则反应液变黑并有较多副产物丁烯生成。

（二）粗产品的提纯

1. 洗涤、干燥

待反应液冷却后，倒入盛有 50mL 水的分液漏斗中，充分摇振，静置分层，弃去下层液体。上层粗产物依次用 25mL 水、15mL 5%氢氧化钠溶液、15mL 水和 15mL 饱和氯化钙溶液洗涤。然后用 1～2g 无水氯化钙干燥，干燥约 40min。

2. 蒸馏

将干燥好的粗产物过滤到 50mL 蒸馏瓶中，如图 4-13-1（b）所示，蒸馏收集 140～144℃的馏分。

最后将所用仪器清洗干净，进行归位。

七、数据处理

称量产物质量＿＿＿g，测折射率。

（产量：7～8.8g；产率：31.7%～39.8%。纯的正丁醚为无色透明液体，沸点为 142.2℃，d_4^{20} 为 0.773，n_D^{20} 为 1.3992。）

［1］如不充分摇匀，在酸与醇的界面处会局部过热，使部分正丁醇碳化，反应液很快变为红色甚至棕色。

［2］本实验理论出水量为 3.0mL，正丁醇及浓硫酸中含有少量水，副反应产生少量水，经验出水量为 3.5mL。

［3］制备正丁醚的适宜温度为 130～140℃，但在本反应条件下会形成下列共沸物：醚-水共沸物（沸点 94.1℃，含水 33.4%）、醇-水共沸物（沸点 93.0℃，含水 44.5%）、醇-水-醚三元共沸物（沸点 90.6℃，含水 29.9% 及醇 34.6%），所以在反应开始阶段，温度计的实际读数约在 100℃。随着反应进行，出水速率逐渐减慢，温度也缓缓上升，至反应结束时一般可升至 135℃ 或稍高一些。如果反应液温度已经升至 140℃ 而分水量仍未达到理论值，还可再放宽 1～2℃，但若温度升至 142℃ 而分水量仍未达到 3.5mL，也应停止反应，否则会有较多副产物生成。

［4］碱洗时振摇不宜过于剧烈，以免严重乳化，难以分层。

［5］上层粗产物的洗涤也可采用下法进行：先用 12mL 冷的 50% 硫酸洗涤 2 次，再用 12mL 水洗涤 2 次。50% 硫酸可洗去粗产物中的正丁醇，但正丁醚也能微溶，故产率略有降低。

━━━━━━━ 思考题 ━━━━━━━

1．正丁醚的制备反应中，可能产生的副产物是什么？如何避免过多副产物的生成？

2．为什么分水器中预先要加入一定量的水？放出的水过多或过少对实验有何影响？

3．分水器的分水原理是什么？

4．反应物冷却后为什么要倒入 50mL 水中？各步洗涤的目的何在？

任务十四　制备乙酰苯胺

一、实验目的要求

1．学习合成乙酰苯胺的反应原理和实验操作方法。

2．掌握空气冷凝回流操作方法。

3．熟练掌握重结晶、热过滤和抽滤等操作。

二、实验所用仪器

圆底烧瓶、刺形分馏柱、温度计、直形冷凝管、接液管、锥形瓶、布氏漏斗、抽滤瓶、循环水式多用真空泵。

三、实验所用药品试剂

苯胺、冰醋酸、锌粉、活性炭。

四、基本原理

胺的酰化在有机合成中有着重要的作用。作为一种保护措施，一级和二级芳胺在合成中通常被转化为它们的乙酰基衍生物以降低胺对氧化降解的敏感性，使其不被反应试剂破坏；同时氨基酰化后降低了氨基在亲电取代反应（特别是卤化）中的活化能力，使其由很强的第Ⅰ类定位基变为中等强度的第Ⅰ类定位基，使反应由多元取代变为有用的一元取代，由于乙酰基的空间位阻，往往选择性地生成对位取代物。

乙酰苯胺为无色晶体，可由苯胺与乙酰化试剂直接作用制备。常用的乙酰化试剂有乙酰氯、乙酸酐和乙酸，三者的反应活性是乙酰氯＞乙酸酐＞乙酸。由于乙酰氯、乙酸酐与苯胺反应过于剧烈，而乙酸与苯胺反应比较平稳，容易控制，且价格也最为便宜，而且反应是一个可逆平衡反应，故本实验采用乙酸作酰化试剂。如果采用适当的操作，将生成的水从反应体系中去除，可使反应接近完成。

反应式为：

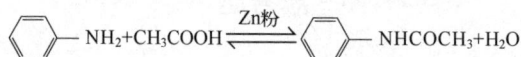

五、仪器装置

仪器装置如图 4-14-1 所示。

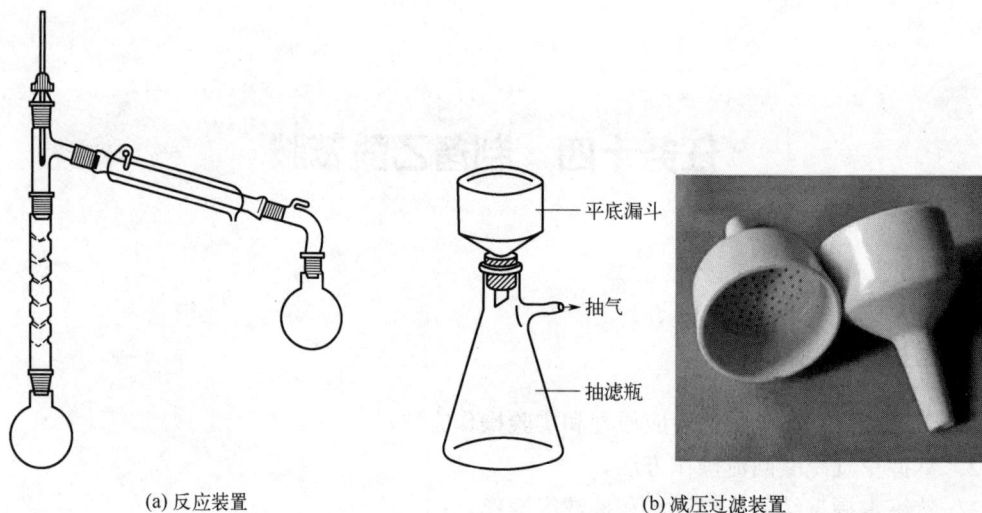

(a) 反应装置　　　　　　　　　　(b) 减压过滤装置

图 4-14-1　制备乙酰苯胺的实验装置

六、实验步骤

（一）粗产品的合成

1. 添加物料

在 50mL 圆底烧瓶中，加入新蒸出的苯胺 10.0mL、冰醋酸 15.0mL 及少许锌粉（约 0.1g），充分摇匀，然后加入 1~2 粒沸石。

2. 安装仪器

固定好圆底烧瓶，如图 4-14-1（a）所示，装上刺形分馏柱，其上端装温度计，支管通过直形冷凝管、接液管与接收瓶相连，接收瓶外部用冷水浴冷却。

3. 进行反应

用电热套小火加热烧瓶，使反应物保持微沸约 15min。然后逐渐升高温度，当温度计读数达到 100℃左右时，支管即有液体流出。维持温度在 100~110℃之间反应约 1.5h，反应中生成的水（含少量乙酸）可完全被蒸出，此时温度计读数下降（有时反应器中出现白雾），表示反应已经完成，即到终点，应停止加热。

（二）粗产品的提纯

1. 过滤、洗涤

在不断搅拌下将反应混合物趁热倒入盛有 100mL 冷水的烧杯中，用玻璃棒充分搅拌，冷却至室温，使乙酰苯胺结晶成细颗粒状完全析出。用布氏漏斗抽滤析出的固体，如图 4-14-1（b）所示，并用 10~15mL 冷水洗涤以除去残留的酸液。

2. 脱色、过滤

将所得粗产品移入盛有 100mL 热水的烧杯中，加热煮沸，并用玻璃棒不断搅动，使之完全溶解，若有未溶解的油珠，可再补加一些热水，直至油珠完全溶解后，再多加 2~3mL 水。停止加热，待溶液稍冷后，加入约 0.5g 活性炭，在搅拌下，再次加热煮沸 5~10min，然后趁热用保温漏斗过滤或用预先加热好的布氏漏斗减压过滤。每次倒入漏斗中的液体不要太满，也不要等溶液全部滤完后再加，在过滤过程中，应保持溶液的温度。为此将未过滤的部分继续用小火加热以防冷却。待所有的溶液过滤完毕后，用少量热水洗涤锥形瓶和滤纸。滤毕，用表面皿将盛滤液的烧杯盖好，放至一旁，稍冷后，用冷水冷却以使结晶完全。

3. 重结晶、过滤

如要获得较大颗粒的结晶，可在过滤完后将滤液中析出的结晶重新加热使其溶解，于室温下放置，让其慢慢冷却。结晶完成后，用布氏漏斗抽滤（滤纸先用少量冷水润湿，抽气吸紧），使结晶与母液分离，并用玻璃塞挤压，使母液尽量除去。拔下抽滤瓶上的橡胶管（或打开安全瓶上的活塞），停止抽气。加少量冷水至布氏漏斗中，使晶体润湿（可用刮刀使结晶松动），然后重新抽干，如此重复 1~2 次，最后用刮刀将结晶移至表面皿上，摊开成薄层，置空气中晾干或在 100℃以下烘干。

最后将所用仪器清洗干净，进行归位。

七、数据处理

称量产物质量＿＿＿g，测熔点。

（产量：9～10g，产率：约 61.6%。纯的乙酰苯胺为白色结晶体，熔点为 113～114℃。）

实验注意事项

［1］久置的苯胺色深有杂质，会影响乙酰苯胺的质量，故最好用新蒸的苯胺。

［2］反应过程中加入少许锌粉，锌粉在酸性介质中可使苯胺中有色物质还原，防止苯胺继续氧化。锌粉加得适当，反应混合物呈淡黄色或接近无色。但是加得过多，一方面消耗乙酸；另一方面在精制过程中乙酸锌水解成氢氧化锌，很难从乙酰苯胺中分离出去。

［3］反应物冷却后，固体产物立即析出，沾在瓶壁不易处理。故须趁热在搅动下倒入冷水中，以除去过量的乙酸及未作用的苯胺（它可成为苯胺乙酸盐而溶于水）。

［4］油珠是熔融状态的含水乙酰苯胺，因其密度大于水，故沉降于器底。

［5］乙酰苯胺于不同温度在 100mL 水中的溶解度为：25℃，0.56g；80℃，3.5g；100℃，5.2g。在以后各步加热煮沸时，会蒸发掉一部分水，需随时补加热水。本实验重结晶时水的用量最好使溶液在 80℃左右为饱和状态。

［6］在加入活性炭时，一定要等溶液稍冷后才能加入。不要在溶液沸腾时加入活性炭，否则会引起突然暴沸，致使溶液冲出容器。

［7］事先将布氏漏斗用铁夹夹住，倒悬在沸水浴上，利用水蒸气进行充分预热。这一步如果没有做好，乙酰苯胺晶体将在布氏漏斗内析出，引起操作上的麻烦和造成损失。抽滤瓶应放在水浴中预热，切不可直接放在石棉网上加热。

思考题

1. 在苯胺的制备实验中，为何反应温度控制在 100～110℃？
2. 在重结晶中，为什么要加入活性炭？为什么要在稍冷时加入？
3. 为什么用水重结晶乙酰苯胺时，往往会出现油珠？
4. 用苯胺作原料进行苯环上的一些取代时，为什么常常要先进行酰化？

任务十五　制备甲基橙

一、实验目的要求

1. 了解芳香族伯胺的重氮化反应及其偶合反应。
2. 掌握甲基橙制备的原理和实验方法，了解重氮盐制备的技术及反应条件。
3. 学习用冰盐浴控制温度的方法。
4. 巩固盐析、抽滤、洗涤、重结晶等基本操作。

二、实验所用仪器

烧杯、玻璃棒、布氏漏斗、抽滤瓶、循环水真空泵、恒温水浴槽、表面皿、托盘天平等。

三、实验所用药品试剂

对氨基苯磺酸、亚硝酸钠、乙醚少量、10%碳酸钠、N,N-二甲基苯胺、氯化钠（冰盐浴用）、浓盐酸、稀盐酸、冰醋酸、稀氢氧化钠、乙醇少量、碳酸钠固体。

四、基本原理

脂肪族、芳香族和杂环的一级胺都可进行重氮化反应。通常，重氮化试剂是由亚硝酸钠与盐酸作用临时产生的。除盐酸外，也可使用硫酸、过（高）氯酸和氟硼酸等无机酸。脂肪族重氮盐很不稳定，能迅速自发分解；芳香族重氮盐较为稳定。芳香族重氮基可以被其他基团取代，生成多种类型的产物。所以芳香族重氮化反应在有机合成中很重要。

甲基橙是一种偶氮类染料，主要用作酸碱指示剂。甲基橙是由对氨基苯磺酸与亚硝酸作用经重氮化反应得到对氨基苯磺酸重氮盐，再与N,N-二甲基苯胺的醋酸盐在弱酸性介质中偶合得到。偶合反应首先得到的是亮红色的酸式甲基橙，称为酸性黄，在碱中酸性黄转变为橙黄色的钠盐，即甲基橙。

反应方程式：

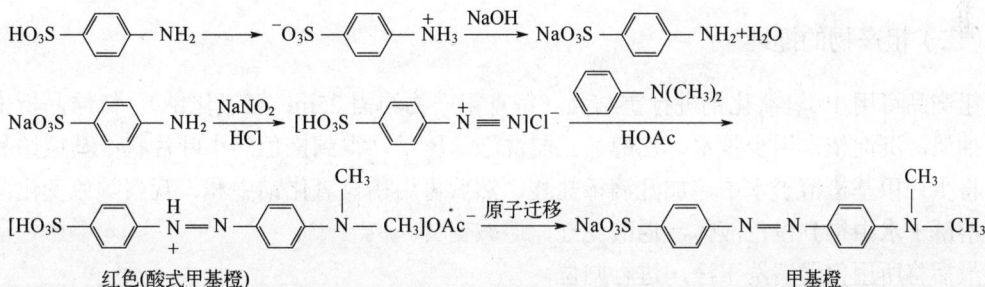

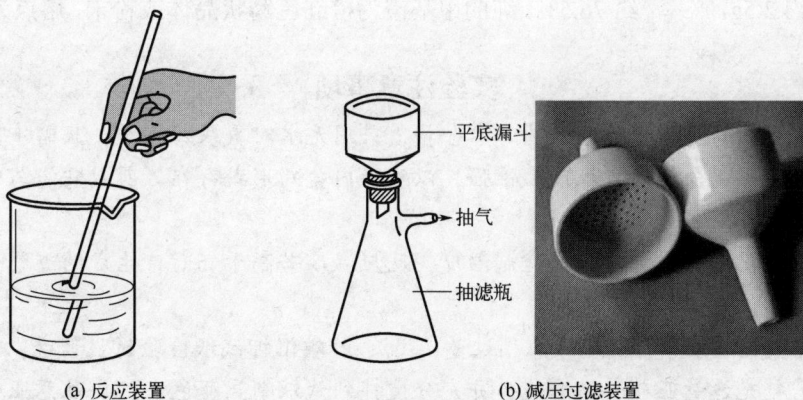

红色(酸式甲基橙)　　　　　　　　　　　　　甲基橙

五、仪器装置

仪器装置如图 4-15-1 所示。

（a）反应装置　　　　　　　　　（b）减压过滤装置

图 4-15-1　制备甲基橙的实验装置

六、实验步骤

（一）粗产物的合成

1. 制备对氨基苯磺酸重氮盐

在 100mL 烧杯中，如图 4-15-1（a）所示，加入 2g 对氨基苯磺酸晶体及 10mL 5%的氢氧化钠溶液，温热溶解后冷却至室温。另取一烧杯将 0.8g 亚硝酸钠溶于 6mL 水中（若不能全溶，可加入适量水），加入上述烧杯内，用冰盐浴冷至 0～5℃；在不断搅拌下，将上述溶液缓慢滴加到 3.0mL 浓盐酸与 10.0mL 水配成的溶液中，并将温度控制在 5℃以下。滴加完后用淀粉-碘化钾试纸检验，在 8～10s 内试纸能显出蓝色即可，（若试纸不显蓝色，尚需补充亚硝酸钠溶液），然后在冰盐浴中搅拌 15min 左右以保证反应完全。

2. 偶联反应

在一支试管中加入 1.3mL *N*,*N*-二甲基苯胺和 1.0mL 冰醋酸，振荡混合均匀。在不断搅拌下，将此溶液慢慢加到上述冷却的重氮盐中，温度控制在 5℃以下。加完后，在室温下继续搅拌 10min，此时有红色的酸性黄沉淀出现，然后在冷却搅拌下，慢慢加入 20mL 5%的氢氧化钠溶液，直至反应物变为橙色，这时，反应液呈碱性，粗制的甲基橙呈细粒状沉淀析出。将反应物在沸水浴上加热 5min，冷至室温，再在冰水浴中冷却，使甲基橙完全析出。抽滤，如图 4-15-1（b）所示，收集结晶，依次用少量水、乙醇、乙醚洗涤，压干。

（二）粗产物的提纯

粗产品可用 1%氢氧化钠进行重结晶（每克粗产物约需 25mL 氢氧化钠），待结晶析出完全，抽滤，沉淀依次用少量水、乙醇、乙醚洗涤，压干，得到橙色的小叶片状甲基橙结晶。

将少许甲基橙溶于水中，加几滴稀盐酸，然后再用稀氢氧化钠中和，观察颜色变化。甲基橙溶解于水中得到橙色液体，遇酸变红，遇碱变黄。

最后将所用仪器清洗干净，进行归位。

七、数据处理

称量产物重量＿＿＿g，测熔点。

（产量：约 2.5g，产率：约 76.5%。纯的甲基橙为橙红色鳞状晶体或粉末，熔点为 300℃。）

实验注意事项

［1］实验用的对氨基苯磺酸为二水合物，若用无水对氨基苯磺酸，只需 1.7g。对氨基苯磺酸是两性化合物，酸性比碱性强，以酸性内盐的形式存在，所以它能与碱作用成盐而不能与酸作用成盐。

［2］重氮化过程中，应严格控制温度，反应温度若高于 5℃，生成的重氮盐易水解为酚，产率降低。

［3］重氮化反应中，亚硝酸应稍过量，用淀粉-碘化钾试纸检验时显蓝色，如果不显蓝色，还需补充适量亚硝酸钠溶液，并充分搅拌到试纸刚呈蓝色。但要注意亚硝酸不应过量太多，否则会引起一系列副反应。

［4］在此时往往析出白色固体对氨基苯磺酸的重氮盐，这是因为重氮盐在水中可以离解，形成中性内盐，在低温时难溶于水而形成细小晶体析出。

［5］可用 pH 试纸检验溶液是否呈碱性。

［6］若反应物中含有未作用的 *N,N*-二甲基苯胺醋酸盐，在加入氢氧化钠后，就会有难溶于水的 *N,N*-二甲基苯胺析出，影响产物的纯度及产率。湿的甲基橙在空气中受光的照射后，颜色很快变深，所以一般得紫红色粗产物。

［7］重结晶操作要迅速，否则由于产物呈碱性，在温度高时易变质，颜色变深。用乙醇和乙醚洗涤的目的是使其迅速干燥。

思考题

1. 在制备对氨基苯磺酸重氮盐时，加入 5%氢氧化钠溶液的目的是什么？
2. 制备重氮盐时，为什么温度需要控制在 0～5℃范围内进行？
3. 重氮化为什么要在强酸条件下进行？偶联反应为什么要在弱酸条件下进行？
4. 第一次抽滤收集甲基橙结晶时，为什么要用饱和食盐水洗涤？能否用普通的蒸馏水洗涤？

任务十六　制备洗衣粉

一、实验目的要求

1. 掌握配制洗衣粉的基本操作技能。
2. 了解洗衣粉中各组分的作用和配方原理。

二、实验所用仪器

烧杯、玻璃棒、托盘天平等。

三、实验所用药品试剂

实验所需药品试剂种类及用量如表格 4-16-1 所示。

表 4-16-1　实验所需药品试剂种类及用量

药品试剂	
种类	用量/g
30%的烷基苯磺酸钠	6.5

药品试剂	
种类	用量/g
硅酸钠	0.5
三聚磷酸钠	1.2
无水硫酸钠	3.5
碳酸钠	0.2
羧甲基纤维素	0.1
水	适量

四、基本原理

洗衣粉的成分包括活性成分、助洗成分、缓冲成分、增效成分、辅助成分等。

活性成分：主要是烷基苯磺酸钠，也包括非离子表面活性剂、阴离子表面活性剂等被称作表面活性剂的物质。表面活性剂是分子结构中含有亲水基和疏水基两部分的化合物，在洗涤水流、手搓或洗衣机的搅动等机械力的作用下，表面活性剂分子结构中的疏水基与污物结合，亲水基与水结合溶于水，如此，污物即从衣物上脱离溶于水，而达到洗净衣物的目的。洗涤剂中的烷基苯磺酸钠约占总组成的 52%。

助洗成分：分为无机物助剂和有机物助剂。无机物助剂为磷酸盐、硅酸盐、纯碱、硫酸钠、过氧酸盐等。有机物助剂包括羧甲基纤维素、荧光增白剂等。洗衣粉中的助洗剂是用量最大的成分，一般会占到总组成的 15%～40%。

助洗成分能提高活性成分的洗涤能力。因为助洗成分能与钙离子、镁离子、二价铁离子等离子有良好的配合能力，可以软化水，对蛋白质有膨化、增溶作用，对脂肪起促进乳化作用，对尘土等固体污垢有分散作用，对碱有缓冲作用，还具有吸收水分，防止洗衣粉结块的作用，从而保护表面活性剂，使其发挥最大效用。

缓冲成分：衣物上常见的污垢，一般为有机污渍，如汗渍、食物、灰尘等。有机污渍一般都是酸性的，使洗涤溶液处于碱性状态有利于这类污渍的去除，所以洗衣粉中都配入了相当数量的碱性物质。一般常用的是纯碱和水玻璃。

增效成分：根据功能要求，洗涤剂中使用的增效成分有以下几类。提高洗净效果的，如酶制剂（蛋白酶、脂肪酶、淀粉酶等）、漂白剂、漂白促进剂等。改善白度保持的，如抗再沉积剂、污垢分散剂、酶制剂（纤维素酶）、荧光增白剂、防染剂等。保护织物改善织物手感的，如柔软剂、纤维素酶、抗静电剂、护色剂等。

增效成分能提高洗涤效果。酶制剂作为一种性质特殊且无毒无害的生物催化剂，在应用时不仅有显著的去污效果，同时也不会给衣物造成损伤或者对环境造成破坏等。酶制剂在洗涤过程中的作用类似于化学反应中的催化剂，直接参与去污反应并提高整体的反应速率，但是当反应结束之后其自身并不会被消耗，所以一般只需要在洗衣粉中添加少剂量的酶制剂便可以起到很好的去污效果。由于酶制剂属于生物制剂，在洗涤过程中具有较好的安全性和便利性。

辅助成分：这类成分一般不对洗涤剂的洗涤能力起提高改善作用，但是对产品的加工过程以及产品的感官指标起较大作用，比如使洗衣粉颜色洁白、颗粒均匀、无结块、香气宜人等。

配制洗衣粉首先考虑的是洗涤性能，要有强的去污力，不损伤衣物。其次要考虑经济适用性，还要工艺简单，配方合理，成本低廉等。

五、仪器装置

仪器装置如图 4-16-1 所示。

六、实验步骤

在烧杯中加入 30%的烷基苯磺酸钠，如图 4-16-1 所示，再在搅拌下依次加入硅酸钠、三聚磷酸钠、无水硫酸钠、碳酸钠、羧甲基纤维素等，最后加入荧光增白剂和香料，充分搅拌，使成为浆状。在加料过程中可适当补充水分，以便搅拌操作能顺利进行。

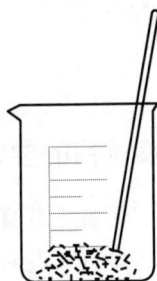

图 4-16-1　制备洗衣粉的
实验装置

把浆状物平铺在干净的玻璃平面上干燥 24h，然后将物料铲起粉碎，过筛后即得产品。

最后将所用仪器清洗干净，进行归位。

七、数据处理

观察产品的颜色、状态，试用，评价其效果。

实验注意事项

［1］依次加入物料，必须使前一种物料溶解均匀后，再加后一种物料。

［2］洗涤剂中各组分的作用：主洗涤剂中的烷基苯磺酸钠约占 52%，具有表面活性剂的去污、润湿、发泡、乳化、分散、凝聚、脱脂、脱墨等性能，可直接用于配制民用及工业用洗涤用品。硅酸钠主要起缓冲作用，维持 pH 在 9 左右，同时兼有缓蚀作用，含量为 4%。碳酸钠的主要用途是与硅酸钠配合，作无磷洗涤剂的主要助剂，还可作硬表面的碱性清洗剂。三聚磷酸钠主要用于含磷洗涤剂中，含量可在 10%，在洗涤过程中主要用于对钙、镁离子的螯合以及起抗再沉积作用。无水硫酸钠约为 28%，主要提供电解质，加速主表面活性剂在固-液界面的吸附速度和提高其在界面的吸附量。荧光增白剂约为 0.1%。

［3］加入香料时温度必须小于 40℃，防止挥发。

思考题

1. 通用洗衣粉有哪些优良的性能？
2. 为何禁止含磷洗衣粉的生产？
3. 为何最好用温水洗涤衣物？

任务十七　制备雪花膏

一、实验目的要求

1. 了解雪花膏的配制原理及各组分的作用。
2. 掌握雪花膏的配制方法。

二、实验所用仪器

水浴锅、烧杯、量筒、托盘天平、温度计、电动搅拌器等。

三、实验所用药品试剂

实验所需药品试剂种类及用量如表 4-17-1 所示。

表 4-17-1　实验所需药品试剂种类及用量

油相		水相	
成分	质量分数/%	成分	质量分数/%
单硬脂酸甘油酯	6.0	三乙醇胺	1.0
羊毛脂（凡士林）	3.0	甘油	10.0
白油（液体石蜡）	8.0	吐温-80	1.0
十六醇	3.0	蜂蜜（凡士林）	2.0
十八醇	5.0	香精	0.5
对羟基苯甲酸乙酯（商品名：尼泊金乙酯）	0.5	蒸馏水	60.0

四、基本原理

雪花膏是白色膏状乳剂类化妆品。乳剂是指一种液体以极细小的液滴分散于另一种互不相溶的液体中所形成的多相分散体系。

雪花膏是根据乳化原理，将油相和水相在乳化剂的作用下充分混合而制得的乳化膏体。雪花膏常做成水包油型（O/W）乳膏。水相量为 70%～90%，油相量为 10%～30%。雪花膏涂在皮肤上，遇热像雪花一样容易融化，因此被称为雪花膏。

五、仪器装置

仪器装置如图 4-17-1 所示。

六、实验步骤

将油相中的单硬脂酸甘油酯、羊毛脂、白油、十六醇、十八醇按比例加入烧杯中，如图 4-17-1 所示，加热到 90℃，熔化并搅拌均匀。

将水相中的蒸馏水、三乙醇胺、甘油、吐温-80、蜂蜜加入另一个烧杯中，加热到 90℃，并搅拌均匀，保温 20min 灭菌。

搅拌下，将水相慢慢加入油相中，继续搅拌，当温度降至 40℃时，加入防腐剂和香精搅拌均匀。静置冷却到室温，调节膏体的 pH 值为 5~7。

最后将所用仪器清洗干净，进行归位。

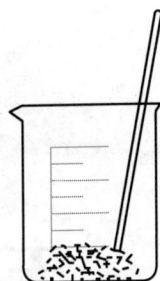

图 4-17-1　制备雪花膏的实验装置

七、数据处理

观察产品的颜色、气味、状态，试用，评价其效果。

实验注意事项

［1］将水相加入油相时速度必须要慢。

［2］加入香精时，温度必须低于 40℃，防止挥发。

思考题

1. 雪花膏对人体皮肤有何作用？
2. 雪花膏的主要成分有哪些？

项目五
天然有机化合物的提取实验

📚 【项目介绍】

　　天然有机化合物的提取实验是指从天然物质中提取出某一组分或对天然物质进行加工处理的过程。天然物质的提取物具有很高的生理活性和经济价值，被广泛地用于食品、医药、化妆品、保健品及生物制品等产品中。

　　为了使学生对天然产物的分离提取有一个初步的概念，本项目安排了天然有机化合物的分离提取专题实验，结合当地动植物资源，选择介绍了几种较为典型的天然有机化合物的提取分离方法。

✈ 【学习要求】

1. 了解天然有机化合物的提取原理和方法。
2. 初步掌握天然有机化合物的分离、提取、纯化的实验方法。
3. 掌握天然有机化合物的分离、提取、纯化的实验技能。

任务一　提取八角茴香中的茴香油

一、实验目的要求

1. 了解水蒸气蒸馏的原理和意义。
2. 掌握水蒸气蒸馏装置的安装与操作。
3. 初步了解天然有机化合物的提取、分离的一般方法。

二、实验所用仪器

水蒸气发生器、三口烧瓶、直形冷凝管、蒸馏弯头、接引管、锥形瓶、T形管、螺旋夹、长玻璃管等。

三、实验所用药品试剂

八角茴香：5g。

四、基本原理

水蒸气蒸馏是指将水蒸气通入有机物中，或将水与有机物一起加热，使有机物与水共沸而蒸馏出来的操作。水蒸气蒸馏是用来分离和提纯液态或固态有机化合物的一种方法。

水蒸气蒸馏法的优点：所需有机物可在温度较低的条件下从混合物中蒸馏出来，可以避免损失，提高分离提纯的效率；同时在操作和装置方面也较减压蒸馏简单一些。

水蒸气蒸馏的应用范围：两种互不相溶的液体混合物的蒸气压，等于两种液体单独存在时的蒸气压之和。当混合物的蒸气压等于大气压时，就开始沸腾。显然，这一沸腾温度要比两种液体单独存在时的沸腾温度低。因此，在不溶于水的有机物中，通入水蒸气，进行水蒸气蒸馏，可在低于100℃的温度下，将物质蒸馏出来。

水蒸气蒸馏常用于下列几种情况：①某些沸点高的有机化合物，在常压下蒸馏虽可与副产品分离，但易被破坏；②混合物中含有大量树脂状杂质或不挥发性杂质，采用蒸馏、萃取等方法都难于分离；③液体产物被混合物中大量的固体所吸附或要求除去挥发性杂质；④常用于蒸馏那些沸点很高且在接近或达到沸点温度时易分解、变色的挥发性液体或固体有机物，除去不挥发性的杂质。

利用水蒸气蒸馏进行分离提纯的有机化合物必须是不溶于水，也不与水发生化学反应，且在100℃左右具有一定蒸气压的物质。

八角茴香，俗称大料，常用作调味剂。八角茴香中含有一种精油，叫作茴香油，其主要成分为茴香脑，为无色或淡黄色液体，不溶于水，易溶于乙醇和乙醚。工业上用作食品、饮料、烟草等的增香剂，也用于医药方面。由于茴香油具有挥发性，可通过水蒸气蒸馏从八角茴香中分离出来。

五、仪器装置

水蒸气蒸馏装置如图5-1-1所示由水蒸气发生器和蒸馏部分组成。

水蒸气发生器一般为金属制品，也可用1000mL圆底烧瓶代替。盛水量以不超过其容积的2/3为宜，如果太满，沸腾时水将冲至烧瓶。其中插入一支接近底部的长玻璃管，用作安全管。当容器内压力增大时，水就沿安全管上升，从而调节内压。

蒸馏部分通常是采用三口烧瓶，烧瓶内盛放待蒸馏的物料。烧瓶应当用铁夹夹紧，三口烧瓶中口插入水蒸气导管，三口烧瓶侧口插入蒸馏弯头，再依次连接冷凝管、接引管、接收器。另一侧口用塞子塞住（三口烧瓶也可以用二口圆底烧瓶代替），水蒸气导管直径一般不小于7mm，以保证水蒸气畅通，其末端应接近烧瓶底部，距瓶底8~10mm，以便水蒸气和蒸馏物质充分接触并起搅动作用。

水蒸气发生器的支管和水蒸气导管之间用一个 T 形管相连接。在 T 形管的支管上套上一段橡胶管，用螺旋夹旋紧，用来除去水蒸气中冷凝下来的水。这段水蒸气导入管应尽可能短些，以减少水蒸气的冷凝，且在操作中，如果发生不正常的情况，应立刻打开橡胶管上的螺旋夹，释放蒸汽，调节内压。

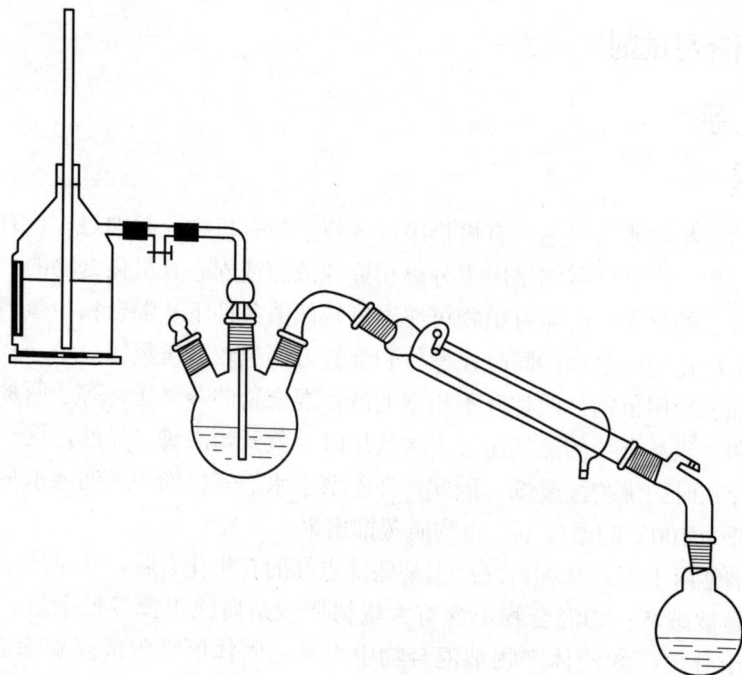

图 5-1-1　水蒸气蒸馏装置

六、实验步骤

1. 提取

在水蒸气发生瓶中加入水，约为容器的 1/2，并加入 1～2 粒沸石。称取 5g 的八角茴香，捣碎后倒入三口烧瓶中，再加入 15mL 水。

将水蒸气蒸馏装置按顺序安装好，应认真检查仪器各部位连接处是否严密，是否为封闭体系。再仔细检查一遍装置是否正确，各仪器之间的连接是否紧密，有没有漏气。待检查整个装置不漏气后，开通冷却水，旋开 T 形管的螺旋夹。再开始加热水蒸气发生器，直至沸腾。当有大量水蒸气产生并从 T 形管的支管逸出时，立即关闭螺旋夹，水蒸气便均匀地通入圆底烧瓶，开始蒸馏，蒸馏速度以每秒钟 2～3 滴为宜。为了使水蒸气不在三口烧瓶内过多地冷凝，在蒸馏时通常也可用小火加热三口烧瓶。

在蒸馏过程中，通过观察水蒸气发生器安全管中水面的高低，可以判断整个水蒸气蒸馏系统是否畅通。若水柱发生不正常的上升现象，以及烧瓶中的液体发生倒吸现象，应立即将夹在 T 形管下端口的夹子取下，然后移去热源，稍冷后拆下装置进行检查，找出发生故障的原因。必须把故障排除后，方可继续蒸馏。否则，就会发生塞子冲出、液体飞溅的危险。与简单蒸馏相同，当馏出液无明显油珠，澄清透明时，便可停止蒸馏，但此实验所需的时间较长，所以在此实验中，当馏出液体积约为 150mL 时，便可停止加热。量取馏分体积，记录数据，并将馏分回收到指定容器中。

2. 拆卸仪器

实验结束，打开螺旋夹，停止加热，稍冷后，停止通入冷却水，然后开始拆卸仪器，其顺序与装配时相反。最后将仪器清洗干净，进行归位。

七、数据处理

（1）记录馏出液体积为____mL。再记录馏出液上方少量的茴香油珠的气味、颜色、状态。

（2）如需提取高纯度的茴香油，需要进一步改进实验装置或增加实验步骤。

实验注意事项

［1］可事先用小火将烧瓶内的混合物预热，以防水蒸气在烧瓶中过多冷凝聚积。

［2］八角茴香的水蒸气蒸馏若达到馏出液澄清透明，所需要的时间较长，所以本实验只要求接收 150mL 馏出液。

［3］也可用 10mL 乙醚分两次萃取馏出液，将萃取液交由老师统一蒸馏出溶剂，即可得精油产品。

思考题

1. 水蒸气蒸馏适用于哪些混合物的分离？
2. 水蒸气蒸馏装置主要由哪些仪器部件组成？
3. 水蒸气蒸馏装置中的安全管和 T 形管的作用是什么？
4. 通过何种方法，能使茴香油分离出来？

任务二　提取花椒籽中的花椒油

一、实验目的要求

1. 了解水蒸气蒸馏的原理和意义。
2. 进一步掌握水蒸气蒸馏装置的安装与操作。
3. 学习并掌握水蒸气蒸馏、溶剂萃取、常压蒸馏等基本操作。

二、实验所用仪器

水蒸气发生器、三口烧瓶、直形冷凝管、蒸馏弯头、接引管、锥形瓶、T 形管、螺旋夹、长玻璃管等。

三、实验所用药品试剂

花椒籽：10g。

四、基本原理

花椒油是一种香精油，存在于植物组织的腺体或细胞内，也可存在于植物的各个部位，但更多地存在于植物的籽和花中。常用的调味品花椒籽中含有较多的花椒油，主要成分为花椒烯、水芹烯、香茅醇、香叶醇、乙醇香叶酯等。它不溶于水，溶于乙醇、乙醚等有机溶剂。

花椒油具有一定的挥发性，可用水蒸气蒸馏，从花椒中分离出来，然后用乙醚萃取馏出液中的花椒油，最后蒸除乙醚即可得到花椒油。

五、仪器装置

仪器装置如图 5-2-1 所示。

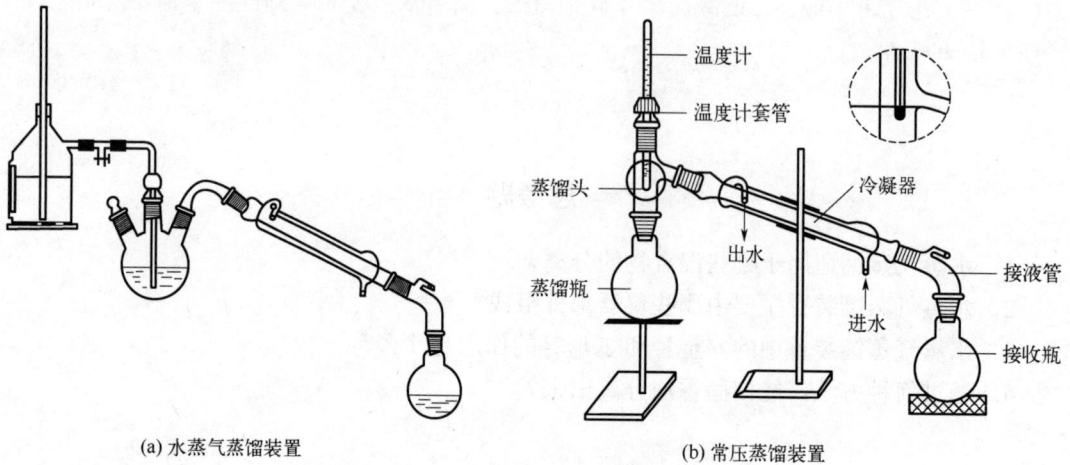

(a) 水蒸气蒸馏装置　　　　　　　　(b) 常压蒸馏装置

图 5-2-1　提取花椒油的实验装置

六、实验步骤

1. 提取

在水蒸气发生瓶中加入水，约为容器的 1/2，并加入 1～2 粒沸石。称取 10g 花椒籽装入 250mL 圆底烧瓶中，加入 50mL 水。

将水蒸气蒸馏装置按顺序安装好，然后应认真检查仪器各部位连接处是否严密，是否为封闭体系。再仔细检查一遍装置是否正确，各仪器之间的连接是否紧密，有没有漏气。待检查整个装置不漏气后，开通冷却水，旋开 T 形管的螺旋夹。再开始加热水蒸气发生器，直至沸腾。当有大量水蒸气产生并从 T 形管的支管冲出时，立即关闭螺旋夹，水蒸气便进入蒸馏瓶中，开始蒸馏。与此同时，接通冷却水，用烧瓶收集馏出物。调节加热速率，控制馏出液的速率约 2～3 滴/s。如由于水蒸气的冷凝而使蒸馏瓶内液体量增加，可适当加热蒸馏瓶。当馏出液无明显油珠、澄清透明时，打开 T 形管的螺旋夹，与大气保持相通，然后移去热源，关闭冷凝水，停止水蒸气蒸馏，否则可能发生倒吸现象。

2. 提纯

在馏出液中加入 30～50g 氯化钠进行饱和后，将馏出液倒入分液漏斗中，每次用 15mL 乙醚萃取两次，静置分层，弃去水层，合并萃取醚层，用少量无水氯化钙干燥醚层。

将干燥后的馏出液慢慢过滤到干燥、洁净并预先称重的 50mL 圆底烧瓶中，安装蒸馏装置，如图 5-2-1（b）所示，用电热套小心加热回收乙醚，圆底烧瓶中的残留物即为花椒油。称重。

花椒油为黄色液体，具有花椒的特殊辛香气味。

3. 拆卸仪器

实验结束，停止加热，稍冷后，停止通入冷却水，然后开始拆卸仪器，其顺序与装配时相反。最后将仪器清洗干净，进行归位。

七、数据处理

记录花椒油的重量____g。再记录花椒油的气味、颜色、状态。

实验注意事项

［1］250mL 烧瓶中加水量不能太多，否则瓶中液体跳溅剧烈会冲出烧瓶。

［2］整个蒸馏过程中应保持气路畅通，谨防蒸馏瓶中气管堵塞。

［3］所得花椒油量很少，操作时要仔细。

思考题

1. 与普通蒸馏相比，水蒸气蒸馏有何特点？

2. 停止水蒸气蒸馏时，为什么要先打开螺旋夹，再停止加热？

3. 用乙醚萃取馏出液中的花椒油之前，为什么要加入食盐使馏出液饱和？

任务三　提取橙皮中的柠檬油

一、实验目的要求

1. 熟悉从植物中提取香精油的原理和方法。

2. 熟悉索氏提取器的构造、原理、安装和使用方法。

3. 了解柠檬油的性质。

二、实验所用仪器

圆底烧瓶、索氏提取器、冷凝管、蒸馏烧瓶、接引管、接收器（100mL 锥形瓶）、电热套、铁架台、铁圈、铁夹、托盘天平、量筒、橡胶塞、玻璃棒等。

三、实验所用药品试剂

橙皮：10g；95%乙醇：100mL。

四、基本原理

本实验用95%乙醇作溶剂，通过在索氏提取器中连续抽提，从橙皮中提取柠檬油，使其与不溶于乙醇的纤维素和蛋白质等分离。

从橙皮中提取柠檬油的整个实验过程可分为两步：提取、浓缩。也就是先用95%乙醇作为溶剂在索氏提取器（或脂肪提取器）中，通过连续萃取将橙皮中的柠檬油提取出来，然后再进行浓缩。

五、仪器装置

仪器装置如图5-3-1所示。

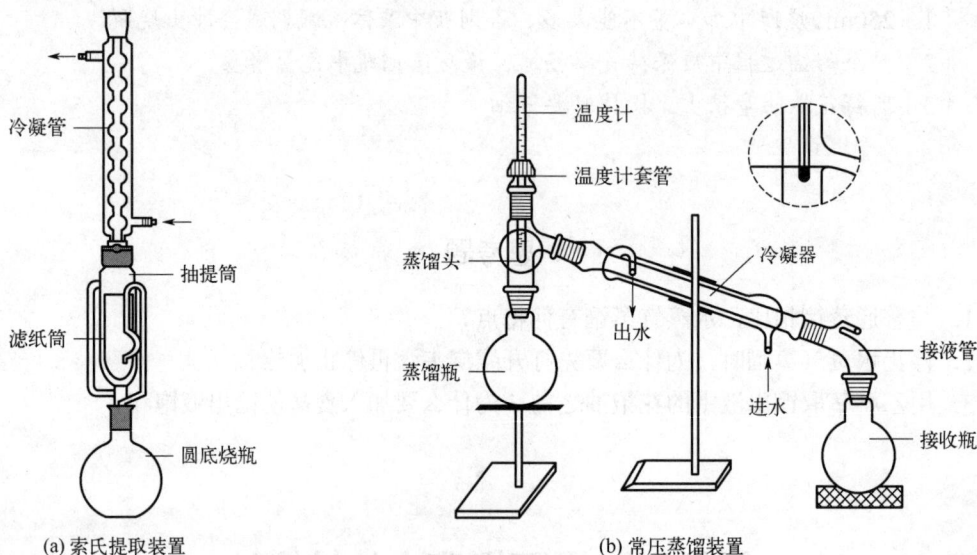

(a) 索氏提取装置　　　　(b) 常压蒸馏装置

图 5-3-1　提取柠檬油的实验装置

六、实验步骤

1. 提取

在 250mL 圆底烧瓶中加入 100mL 95%乙醇，加入 1～2 粒沸石。称取 10g 橙皮，装入提前折叠好的滤纸筒中，再封好滤纸筒上口，最后将滤纸筒放入索氏提取器内。

固定好圆底烧瓶，如图 5-3-1（a）所示，再安装索氏提取器（脂肪提取器）和冷凝管。检查装置各连接处的严密性后，接通冷凝水。

加热圆底烧瓶，当烧瓶内液体沸腾时，调节电热套电压，使烧瓶内液体保持微沸状态，

橙皮提取柠檬油（视频）

连续提取至虹吸管内液体的颜色很淡为止（需 2～3h）。当冷凝液从虹吸管中刚刚虹吸下去时，立即停止加热。自然冷却片刻后，关闭冷凝水，拆卸索氏提取装置。

2. 浓缩

再安装蒸馏装置，如图 5-3-1（b）所示，加热圆底烧瓶，待圆底烧瓶中剩余 10～15mL 液体时，停止加热，此时已将提取液中的大部分乙醇蒸出。自然冷却片刻后，关闭冷凝水，拆卸蒸馏装置，将蒸馏烧瓶中剩余液体倒入量筒，量取体积，记录数据。

3. 拆卸仪器

实验结束，停止加热，稍冷后，停止通入冷却水，然后开始拆卸仪器，其顺序与装配时相反。最后将仪器清洗干净，进行归位。

七、数据处理

（1）记录馏出液体积为____mL。再记录馏出液上方少量的柠檬油珠的状态、颜色，并闻其气味。

（2）如需提取高纯度的柠檬油，需要进一步改进实验装置或增加实验步骤。

实验注意事项

［1］条件允许尽量用新鲜橙皮，效果会更好。

［2］滤纸筒不要紧贴器壁，需能方便取放。其高度介于虹吸管与蒸气上升的支管之间，滤纸筒的底部要折封严密，以防橙皮漏出堵塞虹吸管。滤纸筒的上部最好折成凹形，以便回流液充分浸润橙皮。

［3］索氏提取器的虹吸管部位容易折断，拆装仪器时应特别小心，注意保护。

［4］蒸出大部分乙醇即可，不要蒸得太干，否则残液会黏稠，不易倒出。

思考题

1. 干燥的橙皮中，柠檬油的含量大大降低，试分析原因。
2. 在提取柠檬油的过程中，最后剩余的液体全都是柠檬油吗？

任务四　提取花生中的花生油

一、实验目的要求

1. 掌握从植物中提取香精油的原理和方法。
2. 巩固索氏提取器的构造、原理、安装和使用方法等相关知识。

3. 了解花生油的性质。

二、实验所用仪器

圆底烧瓶、索氏提取器、冷凝管、蒸馏烧瓶、接引管、接收器（100mL 锥形瓶）、电热套、铁架台、铁圈、铁夹、托盘天平、量筒、橡胶塞、玻璃棒等。

三、实验所用药品试剂

烘干粉碎的花生粉：10g；石油醚：120mL。

四、基本原理

油脂是高级脂肪酸甘油酯的混合物，种类繁多，均可溶于乙醚、苯、石油醚等脂溶性有机溶剂，常采用有机溶剂连续萃取法从油料作物中萃取得到。

本实验以烘干粉碎的花生粉为原料，以沸程为 60～90℃的石油醚为溶剂，在索氏提取器中进行油脂的连续提取，然后蒸馏回收溶剂，即得花生粗油脂，粗油脂中含有一些脂溶性色素、游离脂肪酸、磷脂、胆固醇及蜡等杂质。

五、仪器装置

仪器装置如图 5-4-1 所示。

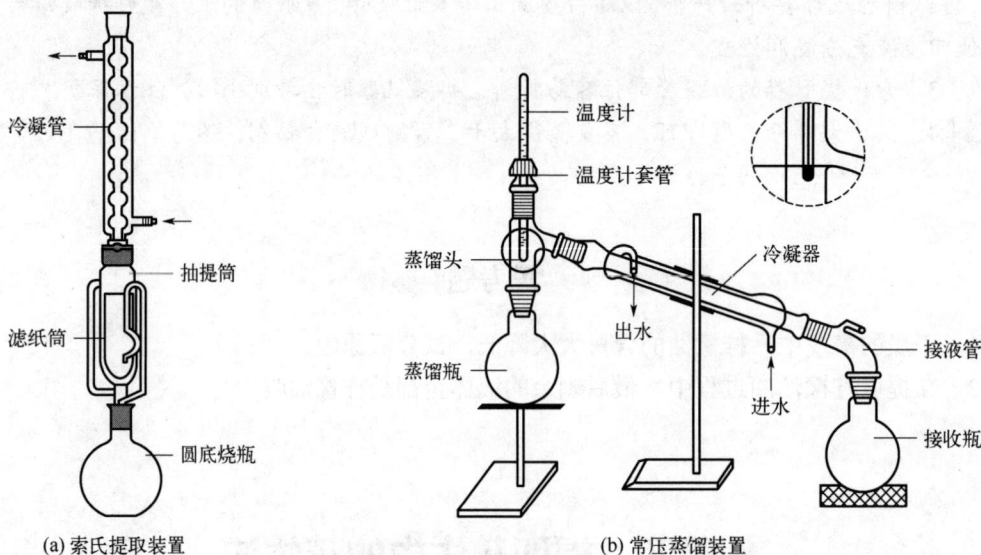

(a) 索氏提取装置   (b) 常压蒸馏装置

图 5-4-1　提取花生油的实验装置

六、实验步骤

1. 提取

称取 10g 花生粉（提前烘干并粉碎）装入滤纸筒内密封好，放入索氏提取器中。向干燥洁净的烧瓶内加入 120mL 石油醚和几粒沸石，连接好装置，如图 5-4-1（a）所示。接通冷凝水，用电加热套加热，回流提取 1.5～2h，控制回流速率 1～2 滴/s。当最后一次提取器中的石油醚虹吸到烧瓶中时，停止加热。

2. 浓缩

冷却后，将提取装置改成蒸馏装置，如图 5-4-1（b）所示，用电加热套小心加热回收石油醚。待温度计读数明显下降时，停止加热，烧瓶中的残留物为粗油脂。待烧瓶内油脂冷却后，将其倒入量筒内量取体积。花生油为淡黄色透明液体。

3. 拆卸仪器

实验结束，拆卸仪器，其顺序与装配时相反。最后将所有仪器清洗干净，进行归位。

七、数据处理

（1）记录馏出液体积为____mL。再观察馏出液上方少量的花生油珠的状态、颜色，并闻其气味。

（2）如需提取高纯度的花生油，需要进一步改进实验装置或增加实验步骤。

实验注意事项

［1］花生仁研磨得越细，提取速率越快。但太细的花生粉会从滤纸缝中漏出，堵塞虹吸管或随石油醚流入烧瓶中。

［2］滤纸筒的直径要略小于提取器的内径，其高度不得高于虹吸管的高度。

［3］回流速率不能过快，否则冷凝管中冷凝的石油醚会被上升的石油醚蒸气顶出而造成事故。

［4］蒸馏时加热温度不能太高，否则油脂容易焦化。

思考题

1. 试述索氏提取器的萃取原理。它和一般的浸泡萃取比较有哪些优点？
2. 本实验采取哪些措施以提高花生的出油率？

任务五 提取鲜姜中的姜油

一、实验目的要求

1. 熟悉恒压滴液漏斗的构造、安装和使用方法。
2. 进一步掌握水蒸气蒸馏方法。

二、实验所用仪器

圆底烧瓶、挥发油测定管、冷凝管、电热套、铁架台、铁夹、托盘天平、量筒、烧杯等。

三、实验所用药品试剂

鲜姜：50g；水：100mL。

四、基本原理

姜油是一种可食用的调味料，为淡黄色至黄色液体，具有生姜的芳香和持久的香气，具有温和、鲜木样的特异芳香辛辣口感。

芳香成分多数具有挥发性，可以随水蒸气逸出，冷凝后因其水溶性很低，故易与水分离，水蒸气蒸馏是提取天然香料最常用的方法。但因为提取温度较高，某些芳香成分可能被破坏，留香性和抗氧化性一般较差。

五、仪器装置

仪器装置如图 5-5-1 所示。

六、实验步骤

1. 提取

称取鲜姜 50g，洗净后切成小颗粒状，并将切好的鲜姜颗粒迅速放入 250mL 圆底烧瓶里，再加 100mL 水和 2～3 粒沸石。

固定圆底烧瓶，如图 5-5-1 所示，再在圆底烧瓶上安装挥发油测定管和冷凝管。把挥发油测定管下端的旋塞关闭，检查仪器各个连接处的密闭性，然后接通冷凝水。

加热圆底烧瓶，使烧瓶内的水保持较猛烈的沸腾状态。这

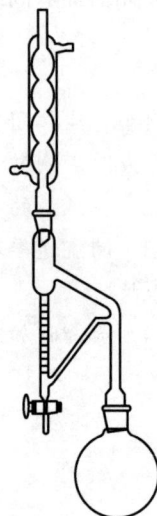

图 5-5-1　提取姜油的实验装置

时水蒸气夹带着姜油蒸气沿着挥发油测定管的上支管进入冷凝管。从冷凝管冷却的冷凝水和姜油落下，被收集在挥发油测定管中。冷凝液很快在挥发油测定管中分离成油、水两相，而挥发油测定管中下面的水相则可以通过挥发油测定管的下支管返回到烧瓶中，上层的姜油则总留在挥发油测定管内。经 2～3h 后，把挥发油测定管内下层的水尽量分离出来，余下的姜油读其体积，作为产物移入回收瓶中保存。

2. 拆卸仪器

实验结束，拆卸仪器，其顺序与装配时相反。最后将所有仪器清洗干净，进行归位。

七、数据处理

产品名称	水蒸气蒸馏时间/h	外观	相对密度	折射率	产量/g
姜油					

如需提取高纯度的姜油，需要进一步改进实验装置或增加实验步骤。

思考题

---

1. 为什么选择水蒸气蒸馏法作为姜油的提取方法？
2. 通过水蒸气蒸馏实验所得的姜油是粗产品吗？

任务六　提取茶叶中的咖啡因

一、实验目的要求

1. 了解从茶叶中提取咖啡因的基本原理和方法。
2. 进一步熟悉蒸馏、升华等基本操作技能。
3. 熟练掌握索氏提取器的使用方法。

二、实验所用仪器

电热套、圆底烧瓶、索氏提取器、冷凝管、蒸馏头、石棉网、尾接管、接收器（100mL锥形瓶）、铁架台、铁圈、铁夹、托盘天平、滤纸、棉花、蒸发皿、酒精灯、玻璃漏斗、乳胶管、橡胶塞、玻璃棒、电子天平、刮刀等。

三、实验所用药品试剂

茶叶：10g；95%乙醇：120mL；生石灰粉：3g。

四、基本原理

本实验用95%乙醇作溶剂，通过在索氏提取器中连续抽提，从茶叶中提取咖啡因，使其与不溶于乙醇的其他物质分离。

萃取液中除咖啡因外，还含有叶绿素、单宁酸等杂质。蒸去溶剂后，在粗咖啡因中加入氧化钙，使氧化钙与单宁酸等酸性物质作用生成钙盐。然后浓缩、焙炒而得粗制咖啡因，游离的咖啡因最后通过升华得到纯化。

五、仪器装置

仪器装置如图 5-6-1 所示。

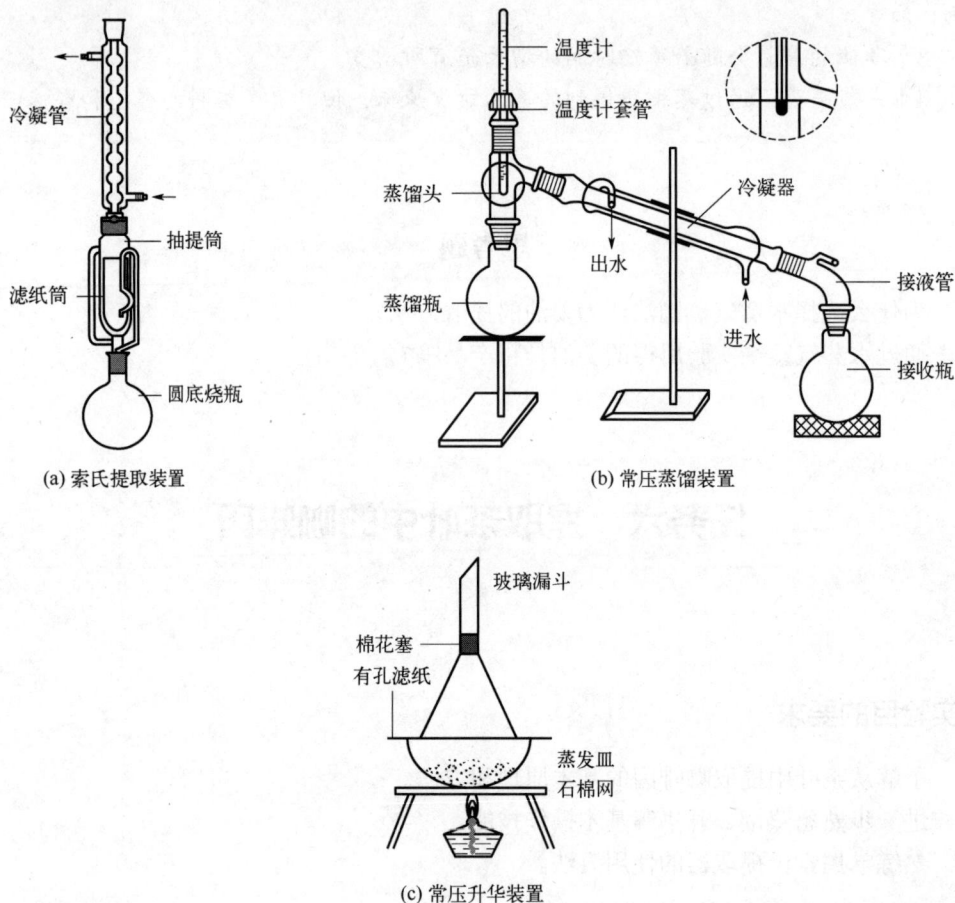

(a) 索氏提取装置

(b) 常压蒸馏装置

(c) 常压升华装置

图 5-6-1　提取咖啡因的实验装置

六、实验步骤

1. 提取

在 250mL 圆底烧瓶中加入 120mL 95%乙醇，加入 2 粒沸石。称取 10g 茶叶，装入提前折叠好的滤纸筒中，再折封好滤纸筒上口，将装好茶叶的滤纸筒放入索氏提取器内，安装索氏提取（脂肪提取）装置，如图 5-6-1（a）所示。

检查装置各连接处的严密性后，先接通冷凝水，而后开始加热，连续提取至虹吸管内液体的颜色很淡为止（需 2～3h）。当冷凝液刚刚从虹吸管虹吸下去时，立即停止加热。自然冷却片刻后，关闭冷凝水，拆卸索氏提取装置。

从茶叶中提取咖啡因（视频）

2. 浓缩

安装蒸馏装置，如图 5-6-1（b）所示，加热回收提取液中的大部分乙醇。待烧瓶中剩余10～15mL 液体时，停止加热。自然冷却片刻后，关闭冷凝水，拆卸蒸馏装置。

3. 焙炒

趁热将圆底烧瓶中的 10～15mL 残液倒入干燥的蒸发皿中，加入 3g 研细的氧化钙，搅拌均匀成糊状。

然后将蒸发皿放在石棉网上，用酒精灯小火焙炒烘干，直到固体混合物变成疏松的粉末状，水分务必全部除去而又不能烧焦碳化为止。

4. 升华

焙炒后冷却，擦净蒸发皿边缘上的粉末，盖上一张刺有十几个小孔的圆形滤纸，再将干燥的、大小合适的玻璃漏斗罩在滤纸上，漏斗颈部塞一小团疏松的棉花，如图 5-6-1（c）所示。在石棉网上小火加热蒸发皿，当滤纸上出现白色针状结晶时，适当控制火焰，降低升华速度。当加热到发现有棕色烟雾或滤纸变黄时，停止加热，冷却至室温，揭开漏斗和滤纸，用刮刀仔细将附着在滤纸及漏斗上的咖啡因刮下，称量质量。

5. 拆卸仪器

实验结束，拆卸仪器，其顺序与装配时相反。最后将所有仪器清洗干净，进行归位。

七、数据处理

称量咖啡因的质量____g。计算产率。

实验注意事项

［1］滤纸筒不要紧贴器壁，需能方便取放。其高度介于虹吸管与蒸气上升的支管之间，滤纸筒的底部要折封严密，以防茶叶漏出堵塞虹吸管。滤纸筒的上部最好折成凹形，以利回流液充分浸润茶叶。

［2］索氏提取器的虹吸管部位容易折断，拆装仪器时应特别小心，注意保护。

［3］蒸出大部分乙醇即可，不要蒸得太干，否则残液很黏，不易倒出，挂在烧瓶壁上，造成损失。

［4］氧化钙起到吸水作用和中和作用，以除去部分杂质。

［5］焙炒时，切忌温度过高，以防咖啡因升华，必须用小火缓慢加热升温，升温过快，温度过高，会使产品发黄。

［6］如留有少量水分，会在升华时产生一些烟雾污染器皿。

思考题

1. 茶叶中的咖啡因是如何被提取出来的？
2. 向粗产物中加入氧化钙起什么作用？
3. 焙炒粗产物时，为什么必须用小火，温度过高会有什么后果？

任务七　提取黄连中的黄连素

一、实验目的要求

1. 进一步熟悉从植物中提取天然有机化合物的原理和方法。
2. 熟练掌握回流、蒸馏和重结晶等操作技能。

二、实验所用仪器

圆底烧瓶（250mL）、冷凝管（直形、球形）、蒸馏头、接引管、温度计（100℃）、水浴锅、电热套、烧杯、锥形瓶、减压过滤装置、托盘天平等。

三、实验所用药品试剂

黄连：10g；95%乙醇：100mL；10%乙酸溶液：30mL；浓盐酸；丙酮。

四、基本原理

黄连是一种多年生草本植物，是我国名产中草药材之一。其根茎中含有多种生物碱，如黄连素（小檗碱）、甲基黄连碱和棕榈碱等。其中以黄连素为主要有效成分，含量为 4%～10%。

黄连素是黄色针状晶体，微溶于水和乙醇，易溶于热水和热乙醇，不溶于乙醚。本实验中用乙醇作溶剂，从黄连中提取黄连素，再加入盐酸，使其以盐酸盐的形式结晶析出。

黄连素具有较强的抗菌性能，对急性结膜炎、口疮、急性细菌性痢疾和急性胃肠炎等都具有很好的疗效。自然界中，黄连素主要以季铵碱的形式存在。

五、仪器装置

仪器装置如图 5-7-1 所示。

六、实验步骤

1. 提取

称取 10g 中药黄连，在研钵中捣碎后放入 250mL 圆底烧瓶中，加入 100mL 95%乙醇，安装球形冷凝管，如图 5-7-1（a）所示。用水浴加热回流 40min，再静置浸泡 1h。

将圆底烧瓶中的混合物进行减压过滤，滤渣用少量 95%乙醇洗涤两次。

将滤液倒入 250mL 圆底烧瓶中，安装普通蒸馏装置如图 5-7-1（b）所示。用水浴加热蒸馏，回收乙醇。当烧瓶内残留液呈棕红色糖浆状时，停止蒸馏（不可蒸得过干）。

2. 提纯

向烧瓶内少量的残留液中加入 30mL 10%乙酸溶液，加热溶解，趁热抽滤，除去不溶物。

将滤液倒入 200mL 烧杯中，滴加浓盐酸至溶液出现浑浊为止（约需 10mL）。将烧杯置于冰水浴中充分冷却后，黄连素盐酸盐呈黄色晶体析出。减压过滤。

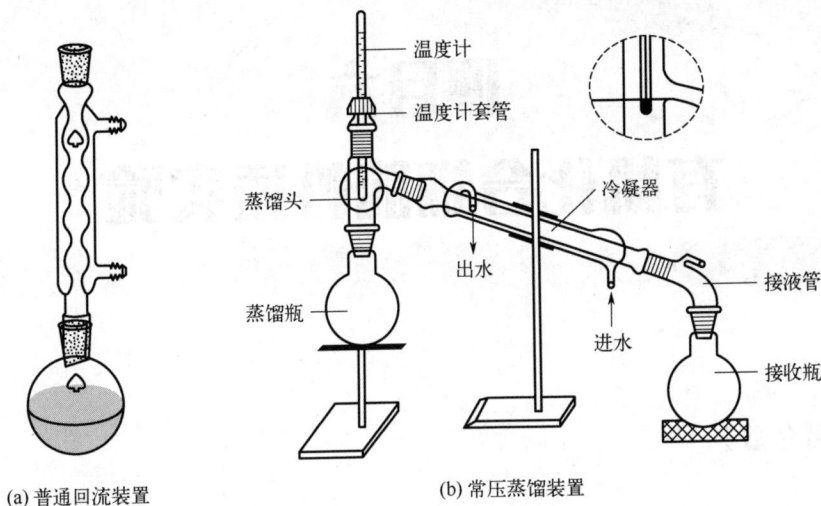

图 5-7-1　提取黄连素的实验装置

将滤饼放入 200mL 烧杯中，先加少量水，用石棉网小火加热，边搅拌边补加水至晶体在受热情况下恰好溶解。停止加热，稍冷后，将烧杯放入冰水浴中充分冷却，抽滤。用冰水洗涤滤饼两次，再用少量丙酮洗涤一次，压紧抽干。称量质量。

3. 拆卸仪器

实验结束，拆卸仪器，其顺序与装配时相反。最后将所有仪器清洗干净，进行归位。

七、数据处理

黄连素的重量____g，计算产率。

实验注意事项

［1］本实验也可用索氏提取器连续提取 2h，其效果会更好些。

［2］用丙酮洗涤，可加快干燥。

思考题

1. 用回流和浸泡的方法提取天然有机化合物与用索氏提取器提取，哪种方法效果更好些？
2. 作为生物碱，黄连素具有哪些生理功能？
3. 蒸馏回收溶剂时，为什么不能蒸得太干？

项目六
有机化合物的性质实验

【项目介绍】

　　有机化合物主要来源于自然界和人工合成。不论是从动、植物体内分离出来的天然产物，还是通过有机反应合成的新化合物或生成的副产物都需要利用化学和物理方法对其进行定性鉴定，以推断它们的分子结构，从而了解它们的性能和用途。

　　近年来，波谱技术广泛用于分离和分析，使有机化学的实验方法发生了根本的变化。但传统的化学分析法，特别是在试管中进行的化学分析，由于其具有简单易行、操作方便、准确度高和经济实用等特点，仍然被普遍应用于实验室中，也是每个化学、化工专业的学生必须掌握的一项操作技术。

【学习要求】

1. 了解有机化合物的鉴定原理和方法。
2. 掌握常见有机化合物的性质，掌握重要官能团的鉴定方法。
3. 能够正确观察实验现象并科学表达实验结论。

任务一　认识烃的性质

一、实验目的要求

　　1. 掌握链烃的化学性质和鉴定方法。
　　2. 掌握芳烃的化学性质和鉴定方法。

二、实验原理

（一）链烃的化学性质

1. 烷烃的化学性质

烷烃分子中只含有 C—C 单键和 C—H 键，没有官能团。与其他各类有机化合物相比，烷烃（特别是直链烷烃）的化学性质最不活泼，最不容易发生化学反应。例如，常温时，正己烷与强酸（浓盐酸、浓硫酸、浓硝酸）、强碱（氢氧化钠）、强氧化剂（高锰酸钾、重铬酸钾-硫酸）、强还原剂（金属-酸）等都不发生反应。

2. 烯烃的化学性质

烯烃是不饱和脂肪烃，C═C 是烯烃的官能团。烯烃的化学性质主要表现在 C═C 的官能团上，以及受 C═C 双键影响较大的 α-C 原子上。C═C 能发生加成反应、聚合反应、氧化反应。

3. 炔烃的化学性质

炔烃是不饱和脂肪烃，C≡C 是炔烃的官能团。炔烃的典型反应表现在官能团 C≡C 三键上，以及炔氢的酸性上。C≡C 能发生加成反应、聚合反应、氧化反应。

（二）芳烃的化学性质

苯具有环状的共轭 π 键，它有特殊的稳定性，没有典型的 C═C 双键的性质，不易加成和氧化。苯环只有在特定的催化剂和加热条件下，才可以发生氧化反应。而甲苯由于苯环侧链上有 α-H，所以苯环的侧链容易被氧化。

三、实验所用仪器

试管、小滴瓶、烧杯、水浴锅、玻璃棒、试管夹、试管架、酒精灯等。

四、实验所用药品试剂

环己烷、环己烯、液体石蜡、乙烯、乙炔、苯、甲苯、0.5%高锰酸钾溶液、3mol/L 硫酸溶液、5%的溴的四氯化碳溶液。

五、实验步骤

（一）测定链烃的化学性质

1. 测定烷烃的化学性质

取 2 支编码试管，各加入 10 滴环己烷，然后在一个试管中加入 10 滴 5%的溴的四氯化碳溶液，边加边振摇试管，另一个试管中加入 10 滴 0.5%高锰酸钾溶液和 1 滴 3mol/L 硫酸溶液，边加边振摇试管，观察并记录实验现象。

另取 2 支编码试管，各加入 10 滴液体石蜡（$C_{18} \sim C_{22}$ 的烷烃混合物），然后在一支试管中加入 10 滴 5%的溴的四氯化碳溶液，边加边振摇试管，另一支试管中加入 10 滴 0.5%高锰酸钾溶液和 1 滴 3mol/L 硫酸溶液，边加边振摇试管，观察并记录实验现象。

2. 测定烯烃的化学性质

取 2 支编码试管，各加入 10 滴环己烯，然后在一支试管中加入 10 滴 5%的溴的四氯化碳溶液，边加边振摇试管，另一支试管中加入 10 滴 0.5%高锰酸钾溶液和 1 滴 3mol/L 硫酸溶液，边加边振摇试管，观察并记录实验现象。

另取 2 支试管，在一支试管中加入 10 滴 5%的溴的四氯化碳溶液，另一支试管中加入 10 滴 0.5%高锰酸钾溶液和 1 滴 3mol/L 硫酸溶液，然后往 2 支试管中分别通入乙烯，观察并记录实验现象。

3. 测定炔烃的化学性质

取 2 支试管，在一支试管中加入 10 滴 5%的溴的四氯化碳溶液，另一支试管中加入 10 滴 0.5%高锰酸钾溶液和 1 滴 3mol/L 硫酸溶液，然后往 2 支试管中分别通入乙炔，观察并记录实验现象。

（二）测定芳烃的化学性质

取 2 支编码试管，各加入 5 滴 0.5%高锰酸钾溶液和 1 滴 3mol/L 硫酸溶液，振摇使其混匀，然后在一支试管中加入 5 滴苯，另一支试管中加入 5 滴甲苯，然后将 2 支试管同时放进 70～80℃水浴上加热 2～3min 后，观察并记录实验现象。

实验注意事项

［1］液体石蜡是 C_{18}～C_{22} 的烷烃混合物，常用作烷烃的代表物。

［2］反应过程中一定要严格控制反应温度，温度过高会引起有机物的挥发。

思考题

1. 烯烃和炔烃有哪些共同的化学性质？
2. 如何鉴定苯和甲苯？

任务二 认识醇、酚的性质

一、实验目的要求

1. 进一步认识醇类、酚类化合物的主要性质。
2. 掌握醇类、酚类的鉴定方法。

二、实验原理

醇、酚都是烃的衍生物，并都具有相同的官能团——羟基，但是由于与官能团羟基相连的烃基结构不同，其性质也有很大的差异。

（一）醇的性质与鉴定

1. 醇在水中的溶解度

直链饱和一元醇，C_4 以下的醇是有酒精气味的液体，$C_5\sim C_{11}$ 的醇是具有不愉快气味的油状液体，C_{12} 以上的醇是无臭无味的蜡状固体。

醇在水中的溶解度随分子中碳原子数的增多而下降。$C_1\sim C_3$ 醇能与水混溶，从丁醇开始在水中的溶解度显著降低，C_{10} 以上的醇不溶于水。

2. 与卢卡斯试剂作用

醇分子中的羟基可以被卤原子取代，生成卤代烃，如：

$$RCH_2OH+HCl \longrightarrow RCH_2Cl+H_2O$$

与羟基相连的烃基结构不同，反应活性也不相同。叔醇最活泼，反应速率最快，仲醇次之，伯醇反应速率最慢。

将伯醇、仲醇、叔醇与卢卡斯试剂（无水氯化锌的浓盐酸溶液）作用，生成的卤代烷不溶于卢卡斯试剂而出现浑浊或分层。叔醇因反应速率快而立即出现浑浊，放置后出现分层；仲醇反应速率较慢，需要经过微热几分钟后出现浑浊；伯醇则因为反应速率慢而没有明显变化。因此，可以根据出现浑浊的快慢来鉴别伯醇、仲醇、叔醇。

3. 与氧化剂作用

伯醇和仲醇可与高锰酸钾、重铬酸钾等氧化剂反应，而叔醇在常温下不易被氧化。可利用这一性质鉴定叔醇。

（1）与高锰酸钾反应　酸性高锰酸钾溶液与伯醇、仲醇、叔醇反应，伯醇被氧化成羧酸，仲醇被氧化成酮，叔醇常温下不反应。而高锰酸钾则被还原成 $MnSO_4$。

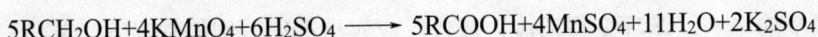

$$5RCH_2OH+4KMnO_4+6H_2SO_4 \longrightarrow 5RCOOH+4MnSO_4+11H_2O+2K_2SO_4$$

$$5R_2CHOH+2KMnO_4+3H_2SO_4 \longrightarrow 5R_2C=O+2MnSO_4+8H_2O+K_2SO_4$$

（2）与重铬酸钾反应　重铬酸钾的硫酸溶液与伯醇、仲醇、叔醇作用时，伯醇首先氧化成醛，由于醛容易继续被氧化生成羧酸，所以由伯醇制备醛时一定要将生成的醛立即蒸出。低级醛的沸点总是比相应的醇沸点低，因此，此法只能用于制备分子量较低的醛。仲醇被氧化成酮，酮比较稳定，较难进一步被氧化。叔醇分子中无 α-H，常温下不反应。而重铬酸钾则被还原成 Cr^{3+}。

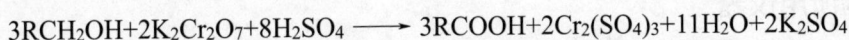

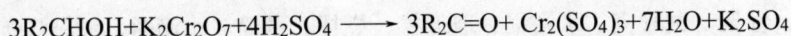

$$3RCH_2OH+2K_2Cr_2O_7+8H_2SO_4 \longrightarrow 3RCOOH+2Cr_2(SO_4)_3+11H_2O+2K_2SO_4$$

$$3R_2CHOH+K_2Cr_2O_7+4H_2SO_4 \longrightarrow 3R_2C=O+ Cr_2(SO_4)_3+7H_2O+K_2SO_4$$

（3）脱氢反应　醇分子中，与羟基直接连接的 α-C 原子上若有氢原子，由于羟基的影响，α-H 较活泼，较易脱氢或氧化，生成羰基化合物。

伯醇、仲醇的蒸气在高温下通过活性铜或银催化剂发生脱氢反应，分别生成醛和铜。

4. 与强酸作用

醇与强酸共热，进行醇分子内脱水，发生消除反应。

5. 多元醇与氢氧化铜作用

多元醇可与一些金属氢氧化物作用生成类似盐类的物质。比如，乙二醇、丙三醇与新配制的氢氧化铜沉淀反应，生成绛蓝色溶液。可以利用这一性质鉴定邻位二元醇。

（二）酚的性质与鉴定

1. 酚的弱酸性

酚羟基与芳环直接相连。由于二者相互影响，使酚羟基具有弱酸性（比碳酸弱），可溶于碳酸钠溶液，但不溶于碳酸氢钠溶液。当芳环上连有吸电子基时，会使酚羟基的酸性增加，如 2,4,6-三硝基苯酚（俗称苦味酸），就有较强的酸性，可溶于碳酸氢钠溶液，生成相应的钠盐。

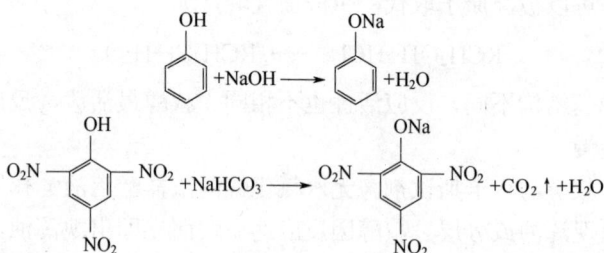

2. 与氯化铁溶液作用

大多数酚类都可与氯化铁溶液发生颜色反应，且不同结构的酚与氯化铁溶液反应显现的颜色也不相同，用这一反应可以来鉴别酚类化合物。

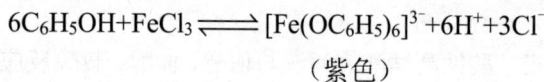

$$6C_6H_5OH + FeCl_3 \rightleftharpoons [Fe(OC_6H_5)_6]^{3-} + 6H^+ + 3Cl^-$$
（紫色）

3. 与溴水作用

受酚羟基的影响，苯环变得活泼，取代反应容易进行。例如常温下，苯酚与溴水作用，可立即生成 2,4,6-三溴苯酚的白色沉淀，反应灵敏，现象明显，可用于苯酚的鉴定。

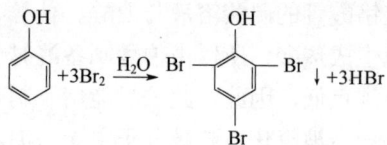

三、实验所用仪器

试管、试管架、试管夹、水浴锅、玻璃棒、烧杯、量筒、小滴瓶、酒精灯等。

四、实验所用药品试剂

甲醇、无水乙醇、正丁醇、仲丁醇、叔丁醇、乙二醇、丙三醇、苦味酸、苯酚、对苯二酚、无水氯化锌、浓盐酸、浓硫酸、3mol/L 硫酸溶液、10%硫酸铜溶液、10%氢氧化钠溶液、

1%高锰酸钾溶液、5%重铬酸钾溶液、10%碳酸氢钠溶液、10%碳酸钠溶液、1%氯化铁溶液、饱和溴水溶液。

五、实验步骤

（一）醇的性质与鉴定

1. 醇在水中的溶解度

取 3 支编码试管，各加入 2mL 水，然后分别滴加 10 滴甲醇、无水乙醇、正丁醇，振荡并观察溶解情况。如已溶解，则再加 10 滴样品，观察现象。

2. 与卢卡斯试剂的作用

取 3 支干燥的编码试管，分别加入 0.5mL 正丁醇、仲丁醇、叔丁醇，再加入 2mL 卢卡斯试剂，振荡，放到 26～27℃水浴中加热数分钟，静置，观察变浑浊和出现分层的时间，并记录。

3. 与氧化剂的作用

（1）与高锰酸钾反应　取 4 支编码试管，分别加入 1mL 乙醇、正丁醇、仲丁醇、叔丁醇，然后加入 5 滴 1%$KMnO_4$ 溶液和 2 滴 3mol/L 硫酸溶液，充分振荡后用小火加热，观察现象，记录并写出反应方程式。

（2）与重铬酸钾反应　另取 4 支编码试管，分别加入 1mL 乙醇、正丁醇、仲丁醇、叔丁醇，然后加入 5 滴 5%重铬酸钾溶液和 2 滴 3mol/L 硫酸溶液，充分振荡后用小火加热，观察现象，记录并写出反应方程式。

乙醇的氧化反应（二维动画）

（3）脱氢反应　乙醇在金属铜的催化条件下，与氧气反应，生成乙醛。

取一根铜丝，将铜丝的下端做成螺旋状，然后在酒精灯上加热后，铜丝表面发黑生成黑色的氧化铜，然后迅速插入装有 95%乙醇的小烧杯中。待黑色褪去后，取出铜丝再加热，再插入乙醇中，反复数次后，嗅闻试管中液体的气味。

乙醇的催化氧化反应（二维动画）

4. 与强酸作用

取 1 个烧杯，加入 95%乙醇 5mL，然后再滴加浓硫酸 15mL，边滴加边搅拌。冷却后将溶液倒入长颈圆底烧瓶中，并加入几粒碎瓷片。将带有导管的双孔塞塞到圆底烧瓶上，并在双孔塞左面的孔插入温度计，右面的孔插入导管，将生成的气体导入高锰酸钾溶液中。用电热套加热圆底烧瓶中的混合液，迅速升温至 170℃左右。观察溶液颜色变化。

乙醇的消去反应（二维动画）

5. 多元醇与 $Cu(OH)_2$ 反应

取 3 支试管，各加入 3 滴 10%硫酸铜溶液和 6 滴 10%氢氧化钠溶液，混匀，立即出现蓝色氢氧化铜沉淀。然后向 3 支试管中分别滴加 5 滴无水乙醇、5 滴乙二醇、5 滴丙三醇，振荡摇匀，观察并记录实验现象。最后再往 3 支试管中各滴加 1 滴浓盐酸，观察并记录所发生的变化。

（二）酚的性质与鉴定

1. 酚的溶解性和弱酸性

取 1 支试管，加入 0.3g 苯酚和 3mL 水，振摇并观察其溶解性。用玻璃棒蘸一滴溶液，

在广泛 pH 试纸上检验溶液的酸碱性。加热试管，观察试管中的苯酚有何变化。将溶液冷却，观察又有什么现象发生。向其中滴加 10%氢氧化钠溶液并振摇，观察现象，再加入 10%盐酸溶液又有何变化？

再取 2 支编码试管，各加入 0.1g 苯酚，分别加入 1mL10%碳酸钠溶液、1mL 10%碳酸氢钠溶液，观察并对比两试管中的现象。

2. 与氯化铁溶液作用

取 2 支编码试管，分别加入 0.1g 苯酚和对苯二酚晶体，各加入 2mL 水，振摇使其溶解。再分别向 2 支试管中加入 2～3 滴新配制的 1%氯化铁溶液，观察颜色变化，记录现象并解释原因。

3. 与溴水作用

取 1 支试管，加入 0.1g 苯酚晶体，再加入 2mL 水，振摇使其溶解成为透明溶液。再向试管中滴加饱和溴水溶液，观察颜色变化，记录现象并解释原因。

实验注意事项

［1］使用 2 支以上的试管同时做物质的性质实验时，为方便观察记录现象，可将试管按 1、2、3……顺序编上号码，简称编码。

［2］卢卡斯试剂的配制方法：卢卡斯试剂即无水氯化锌的浓盐酸溶液，容易吸水而失效，因此必须在实验前新配制。将 34g 熔融的无水氯化锌溶于 23mL 浓盐酸中，边搅拌边冷却，以防止氯化氢外逸。冷却后保存在试剂瓶中，配制操作应在通风橱中进行。

［3］如果试管不干燥，将会影响生成物的生成，甚至导致实验失败。

［4］因为含有 3～6 个碳原子的低级醇的沸点较低，所以加热温度不宜过高，以免挥发。

［5］邻二醇有较弱的酸性，尚不能用一般的指示剂检出，但能与新制的氢氧化铜生成绛蓝色的配合物，后者在碱液中比较稳定，遇酸则分解为原来的醇和氢氧化铜沉淀。

［6］苯酚在常温下微溶于水，但在 68℃时可与水混溶。

［7］2,4,6-三溴苯酚的溶解度很小，即使是极稀的苯酚溶液（3μL/L），加入溴水也会呈现浑浊。而且溴水具有氧化性，加入过量时，可将 2,4,6-三溴苯酚氧化成醌类而呈淡黄色。

思考题

1. 为什么伯醇和仲醇与卢卡斯试剂反应后，溶液先浑浊后分层？
2. 在卢卡斯试验中，试管中有水，可以吗？
3. 如何鉴别 1,2-丁二醇和 1,3-丁二醇？
4. 为什么苯酚溶于碳酸钠溶液，而不溶于碳酸氢钠溶液？
5. 如何鉴别醇和酚？

任务三　认识醛、酮的性质

一、实验目的要求

1. 进一步加深对醛、酮性质的认识。
2. 掌握鉴别醛、酮的方法。

二、实验原理

（一）亲核加成反应

1. 与饱和亚硫酸氢钠溶液的加成

醛分子和酮分子，都是含有羰基官能团的化合物，所以它们有很多相似的化学性质。例如，醛和酮的羰基都容易发生加成反应。醛和甲基酮与饱和亚硫酸氢钠溶液发生加成反应，生成冰状结晶体 α-羟基磺酸钠。

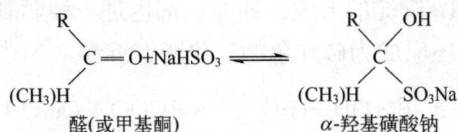

$$\underset{\text{醛(或甲基酮)}}{\overset{R}{\underset{(CH_3)H}{C}}=O + NaHSO_3} \rightleftharpoons \underset{\alpha\text{-羟基磺酸钠}}{\overset{R}{\underset{(CH_3)H}{C}}\overset{OH}{\underset{SO_3Na}{}}}$$

α-羟基磺酸钠与稀酸或稀碱共热时，又分解成原来的醛或酮，利用这一性质，可鉴别、分离和提纯醛或甲基酮。

2. 与2,4-二硝基苯肼的加成

醛和酮都能与胺的衍生物发生加成反应。例如，醛、酮与 2,4-二硝基苯肼反应生成具有固定熔点的黄色或橙红色沉淀（苯腙类化合物）。

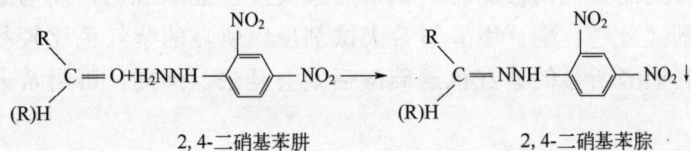

$$\underset{(R)H}{\overset{R}{C}}=O + H_2NNH-\underset{NO_2}{\overset{NO_2}{\underset{}{\bigcirc}}}-NO_2 \longrightarrow \underset{(R)H}{\overset{R}{C}}=NNH-\underset{NO_2}{\overset{NO_2}{\underset{}{\bigcirc}}}-NO_2\downarrow$$

2,4-二硝基苯肼　　　　　　　　　2,4-二硝基苯腙

2,4-二硝基苯腙在稀酸作用下，可水解成原来的醛或酮，因此利用这一反应常用来鉴定、分离和提纯醛或酮。

（二）α-氢原子的反应——碘仿反应

具有 CH_3CO-结构的醛、酮和能够被氧化成这种结构的醇类（CH_3CHOHR），可与次碘酸钠发生碘仿反应，生成淡黄色碘仿。

$$CH_3 \overset{\overset{\displaystyle O}{\|}}{-} C - R(H) \xrightarrow{NaOI} CH_3I\downarrow +(H)RCOONa$$

$$CH_3CH_2OH \xrightarrow{NaOI} CH_3CHO \xrightarrow{NaOI} CH_3I\downarrow +HCOONa$$

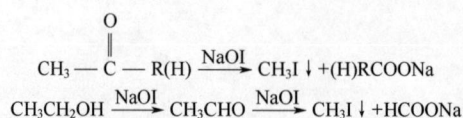

利用碘仿反应可鉴别甲醛、酮和能够被氧化成这种结构的醇类。

（三）与弱氧化剂的反应

醛和酮分子都是含有羰基官能团的化合物。但是由于醛和酮的结构不同，性质也有差异。醛基上的氢原子非常活泼，容易发生氧化反应，即使较弱的氧化剂（如托伦试剂、菲林试剂）也能将醛氧化成羧酸。

1. 与托伦试剂的反应

托伦试剂是硝酸银的氨溶液，为弱氧化剂。由于醛结构中含有羰基，并且羰基碳上连接一个氢原子，这个氢原子的化学性质非常活泼，所以托伦试剂能将醛氧化成羧酸，而托伦试剂中的银离子被还原成细小的银而附着在光滑的器壁上，形成漂亮的银镜。因此也称此反应为银镜反应。

$$RCHO+2Ag(NH_3)_2OH \longrightarrow RCOONH_4+2Ag\downarrow +3NH_3+H_2O$$

除 α-羟基酮外，所有的酮都不与托伦试剂反应，因此常用托伦试剂区分醛和酮。

2. 与菲林试剂的反应

菲林试剂是由硫酸铜溶液和酒石酸钾钠碱溶液等量混合而成。酒石酸钾钠可以和 Cu^{2+} 形成配离子，从而避免 $Cu(OH)_2$ 沉淀的形成。菲林试剂也是一种弱氧化剂，所有脂肪醛都可以被它氧化成羧酸，Cu^{2+} 则被还原成为砖红色的氧化亚铜沉淀。

$$RCHO+2Cu^{2+}+OH^-+H_2O \longrightarrow RCOO^- + Cu_2O\downarrow +4H^+$$

芳香醛和所有的酮不与菲林试剂反应。因此利用菲林试剂既可以鉴别脂肪醛和酮，又可以区分脂肪醛和芳香醛。

（四）与希夫试剂的反应

希夫试剂（Schiff 试剂）又称品红亚硫酸试剂，是将二氧化硫通入品红水溶液中，品红的红色褪去，得到的无色溶液。希夫试剂与醛类反应显紫红色，而与酮类不反应。因此，可用希夫试剂区分醛、酮。甲醛与希夫试剂反应所显的紫红色比较稳定，遇硫酸后颜色不消失，而其他醛所显的紫红色遇硫酸后则会褪去。因此，可用希夫试剂区分甲醛和其他醛。

三、实验所用仪器

水浴锅、烧杯、试管、试管架、石棉网、酒精灯、棕色试剂瓶、小滴瓶、玻璃漏斗、玻璃棒等。

四、实验所用药品试剂

甲醛、乙醛、正丁醛、苯甲醛、丙酮、苯乙酮、乙醇、异丙醇、饱和亚硫酸氢钠溶液、

10%碳酸钠溶液、稀盐酸溶液、2,4-二硝基苯肼试剂、碘-碘化钾溶液、10%氢氧化钠溶液、硝酸银、氨水、硫酸铜、酒石酸钾钠、碱性品红、二氧化硫、浓硫酸。

五、实验步骤

（一）亲核加成反应

1. 与饱和亚硫酸氢钠溶液的加成

取 4 支干燥的编码试管，各加入 1mL 新配制的饱和亚硫酸氢钠溶液，然后分别加入 8～10 滴乙醛、正丁醛、苯甲醛、丙酮，用力振摇，使其混匀，再将试管置于冰水浴中冷却，观察有无沉淀析出，并记录沉淀析出所需的时间。

取有结晶析出的 2 支试管，倒去上层的清液，并向试管中加入 2mL10%的碳酸钠溶液，再向其余试管中加入 2mL 稀盐酸溶液，振摇并稍稍加热，观察结晶是否溶解？有什么气味产生？记录现象并解释原因。

2. 与 2,4-二硝基苯肼的加成

取 5 支编码试管，各加入 1mL 新配制的 2,4-二硝基苯肼试剂，再分别加入 5 滴乙醛、正丁醛、苯甲醛、丙酮、苯乙酮，用力振摇，使其混匀，观察有无沉淀析出。如无，静置数分钟后观察；再无，可微热 30s 后再振荡，冷却后再观察。

（二）α-氢原子的反应——碘仿反应

取 5 支编码试管，各加入 1mL 碘-碘化钾溶液，然后再分别加入 5 滴乙醇、丙酮、异丙醇、正丁醛、苯乙酮，然后一边振荡试管，一边滴加 10%氢氧化钠溶液至碘的颜色刚好消失，反应液呈微黄色为止，观察有无沉淀析出。将没有析出沉淀的试管置于约 60℃水浴中，加热几分钟后取出，冷却，观察现象，记录并解释原因。

醛酮性质：与托伦试剂反应（二维动画）

（三）与弱氧化剂的反应

1. 与托伦试剂的反应

取 4 支干净的编码试管，各加入 2mL 配制好的托伦试剂，然后再分别滴加 3～4 滴甲醛、乙醛、苯甲醛、丙酮，振摇后静置数分钟。若无变化，可将试管在 70～80℃水浴中加热几分钟，观察实验现象。

2. 与菲林试剂的反应

取 4 支干净的编码试管，各滴加 1mL 菲林试剂 A 和 1mL 菲林试剂 B，再分别滴加 5 滴甲醛、乙醛、苯甲醛、丙酮，振摇后静置于沸水浴中加热 5 min，观察颜色变化以及是否有砖红色沉淀析出。

醛酮性质：与菲林试剂反应（二维动画）

（四）与希夫试剂的反应

取 4 支干净的编码试管，分别加入 2mL 希夫试剂，再分别滴加 5 滴甲醛、乙醛、丙酮、苯乙酮，振荡摇匀，放置数分钟。然后向溶液显紫红色的试管中逐滴加入浓硫酸，边滴边摇，注意观察颜色的变化。

醛酮性质：与希夫试剂反应（二维动画）

实验注意事项

［1］加成产物 α-羟基磺酸钠可溶于水，但不溶于饱和亚硫酸氢钠溶液，因此能析出晶体。试验时，样品和试剂用量较少，若试管带水稀释了亚硫酸氢钠溶液，使其不饱和，晶体就难析出。

［2］必须使用新配制的饱和亚硫酸氢钠溶液，方法是：在 100mL 40% 的亚硫酸氢钠溶液中，加入不含醛的无水乙醇 25mL，混合，滤去析出的晶体。

［3］2,4-二硝基苯肼试剂的配制方法：2g 2,4-二硝基苯肼溶于 15mL 浓硫酸中，再加入 150mL 95% 乙醇混匀，最后用蒸馏水稀释至 500mL，搅拌至混合均匀，过滤，将滤液保存在棕色试剂瓶中备用。

［4］碘-碘化钾溶液的配制方法：将 25g 碘化钾溶于 100mL 蒸馏水中，再加入 12.5g 碘搅拌，使碘全部溶解。碘在水中的溶解度较小，加入碘化钾能增加碘在水中的溶解度。

［5］碱液不可加多，过量的氢氧化钠溶液，加热时可将碘仿水解，会使生成的碘仿消失，导致实验失败。

［6］托伦试剂的配制：在洁净的试管中，加入 4mL 2% 硝酸银溶液和 2 滴氢氧化钠溶液，然后一边滴加 2% 氨水，一边振荡试管，直到生成棕色的氧化银沉淀刚好溶解为止。配制托伦试剂时切忌加入过量的氨水，否则将生成雷酸银，受热会引起爆炸，也会使试剂本身失去灵敏性。托伦试剂久置会形成黑色氮化银爆炸性沉淀，所以必须在使用时临时配制，不可储存备用。

［7］银镜反应中，试验所用的试管必须十分洁净。可用热的铬酸洗液或硝酸洗涤，再用蒸馏水冲洗干净。如果试管不洁净或反应进行得太快，就不能生成银镜，而是析出黑色的银沉淀。

［8］①菲林溶液 A 的配制：将 34.6g 的硫酸铜溶于 500mL 蒸馏水，加 0.5mL 浓硫酸，混合均匀。②斐林试剂 B 的配制：将 173g 酒石酸钾钠晶体和 70g 氢氧化钠溶于 500mL 蒸馏水中。两种溶液分别保存，使用时可取等体积混合。

［9］菲林试剂只与脂肪醛反应，不与芳香醛反应。

［10］希夫（Schiff）试剂的配制：将 0.5g 碱性品红溶于 100mL 热蒸馏水中，使之充分溶解，待溶液冷却至 50℃ 时过滤，再冷却到 25℃ 时，加入 1mol/L 盐酸（HCl）10mL 和 1g 亚硫酸氢钠（$NaHSO_3$）放置暗处，静置 24h 后，加 0.25～0.5g 活性炭摇荡 1min，过滤，溶液呈无色，装入棕色瓶中塞紧瓶塞，保存在冰箱内（0～4℃），用前取出，使之恢复至室温后再用。如溶液呈粉红色就不能用，须重配。希夫试剂放久后会变色失效，须在实验前新配制。

［11］希夫试剂又称品红试剂，能与醛作用生成一种紫红色染料。一般对三个碳以下的醛反应较为敏感。产物中加入过量的强酸可发生分解反应，使溶液颜色褪去。唯独甲醛与希夫试剂的反应产物比较稳定，不易分解，所以可借此区分甲醛与其他醛类。

1．醛、酮与亚硫酸氢钠溶液进行加成反应时，为什么一定要使用饱和亚硫酸氢钠溶液，而且必须新配制？

2．配制碘溶液时，为什么要加入碘化钾？

3．银镜反应使用的试管为什么一定要洁净？试管被洗涤干净的标准是什么？

4．托伦试剂为什么要在使用时才临时配制？托伦试剂实验完毕后，试管内应加入少许硝酸，立刻煮沸能洗去银镜，为什么？

5．怎样用化学方法区分醛和酮、芳香醛与脂肪醛？

任务四　认识羧酸及其衍生物的性质

一、实验目的要求

1．掌握羧酸及其衍生物的主要化学性质。

2．掌握羧酸的鉴定方法。

3．了解肥皂的制备原理及性质。

二、实验原理

（一）羧酸的性质

1. 酸性

羧酸是分子中含有羧基官能团的有机物，在水中可解离出质子而呈酸性，可与氢氧化钠和碳酸氢钠作用生成水溶性的羧酸盐。所以羧酸既能溶于氢氧化钠溶液，也能溶于碳酸氢钠溶液，可以此作为鉴定羧酸的重要依据。某些酚类，特别是芳环上有强吸电子基的酚类具有与羧酸类似的酸性，可以通过与氯化铁的显色反应来进行区分。

2. 还原性

甲酸分子中的羧基与一个氢原子相连，草酸分子中是两个羧基直接相连，由于结构特殊，它们具有较强的还原性。甲酸可被托伦试剂氧化，发生银镜反应；草酸能被高锰酸钾定量氧化，常用作高锰酸钾的定量分析。

（二）羧酸衍生物的性质

羧酸分子中的羟基可被卤原子、酰氧基、羟氧基和氨基取代生成酰卤、酸酐、酯和酰胺等羧酸衍生物。这些羧酸衍生物具有相似的化学性质，在一定条件下，都能发生水解、醇解和氨解反应，其活性顺序为酰卤＞酸酐＞酯＞酰胺。

三、实验所用仪器

试管、带导气管的塞子、试管夹、试管架、水浴锅、烧杯、玻璃棒、酒精灯、刚果红试纸、石蕊试纸等。

四、实验所用试剂

甲酸、乙酸、草酸、乙酰氯、乙酸酐、95%乙醇、无水乙醇、乙酸乙酯、乙酰胺、苯胺、10%碳酸钠溶液、盐酸溶液、浓硫酸、冰醋酸、饱和碳酸钠溶液、0.5%高锰酸钾溶液、氨水、硝酸银溶液、20%氢氧化钠溶液、熟猪油、植物油、四氯化碳、3%溴的四氯化碳溶液、10%氯化钙溶液、饱和食盐水等。

五、实验步骤

乙酸的酸性

（二维动画）

（一）测定羧酸的性质

1. 酸性试验

取 3 支干净的编码试管，各滴加 10 滴甲酸、10 滴乙酸和 0.2g 草酸，再各加入 1mL 蒸馏水，振荡摇匀。用干净的玻璃棒蘸取少量的酸液，在同一条刚果红试纸上划线。观察试纸颜色的变化，比较三条线颜色的深浅，并说明三种酸的酸性强弱。

2. 成盐反应

取 3 支干净的编码试管，各加入 2mL 10%碳酸钠溶液，再分别滴加 10 滴甲酸、10 滴乙酸和 0.2g 草酸，振摇试管，观察有无气泡产生？气泡是什么物质？记录实验现象并解释原因。

取 1 支干净的试管，加入 0.2g 苯甲酸和 1mL 蒸馏水，振摇并观察溶解情况。再向试管中滴加 20%氢氧化钠溶液，振荡，发生了什么变化？然后再向试管中滴加 6mol/L 盐酸溶液，又发生了什么变化？记录实验现象并解释原因。

3. 酯化反应

取 1 支干净的试管，加入 1mL 无水乙醇和 1mL 冰醋酸，再滴加 3 滴浓硫酸。用带有导气管的塞子塞住试管口，小火加热 3～5min，将产生的蒸气通入盛有 2mL 饱和碳酸钠溶液的试管中，观察液面有无分层现象？是否能闻到酯的香味？记录现象并写出反应式。

乙酸的酯化反应

（二维动画）

（二）测定羧酸衍生物的性质

1. 水解反应

（1）酰氯的水解 取 1 支试管，加入 1mL 蒸馏水，沿试管壁缓慢加入 3 滴乙酰氯，轻轻振摇试管，观察反应剧烈程度并用手触摸试管底部。描述反应现象并说明反应是否放热。待试管稍冷后，可向试管中加入几滴硝酸银溶液，观察有何变化。记录实验现象并写出有关化学反应方程式。

（2）酸酐的水解 取 1 支试管，加入 1mL 蒸馏水和 3 滴乙酸酐，振摇并观察其溶解性。稍微加热试管，观察现象变化并闻其气味。生成了什么物质？写出有关化学反应方程式。

（3）酯的水解 取 3 支编码试管，各加入 1mL 乙酸乙酯和 1mL 蒸馏水。再向其中一支试管中加入 0.5mL 6mol/L 硫酸溶液，向另一支试管中加入 0.5mL 6mol/L 氢氧化钠溶液。将 3 支试管同时放入 70~80℃ 水浴中加热，边振摇边观察，并比较各试管中酯层消失的速度。哪一支试管中酯层消失得快一些？为什么？写出有关化学反应方程式。

（4）酰胺的水解　取 1 支试管，加入 0.2g 乙酰胺和 2mL 20%氢氧化钠溶液，振摇后加热至沸，是否能闻到氨的气味？用湿的红色石蕊试纸在试管口检验，有什么现象发生？记录并写出有关化学反应方程式。

另取 1 支试管，加入 0.2g 乙酰胺和 2mL 硫酸溶液，振摇后加热至沸，是否能闻到乙酸的气味？冷却后加入 20%氢氧化钠溶液至碱性（用试纸检验），闻其气味。记录实验现象并解释原因。

2. 醇解反应

（1）酰氯的醇解　取 1 支干燥的试管，加入 1mL 无水乙醇，将试管置于冷水浴中，边振摇边沿试管壁缓慢滴加 1mL 乙酰氯。观察反应剧烈程度。待试管冷却后，再加入 3mL 饱和碳酸钠溶液中和。当溶液出现明显分层后，闻其气味，有无酯的特殊香味？写出有关化学反应方程式。

（2）酸酐的醇解　取 1 支干燥的试管，加入 1mL 无水乙醇和 1mL 乙酸酐混匀，再加入 3 滴浓硫酸，振荡，小心加热至微沸。冷却后，向试管中缓慢滴加 3mL 饱和碳酸钠溶液，同时轻微振荡，试管中的液体清晰地分为上下两层。是否能闻到酯的特殊香味？写出有关化学反应方程式。

（3）羧酸的醇解　取 2 支干燥的试管，各加入 2mL 乙醇和 2mL 冰醋酸，混合均匀后，在 1 支试管中滴加 5 滴浓硫酸，把 2 支试管同时放入 70~80℃ 的水浴中加热，并不时地振摇，10min 后取出试管，用冷水冷却后，再分别滴加 2mL 饱和碳酸钠溶液，静置观察 2 支试管的差别。

3. 氨解作用

取 1 支干燥的试管，加入新蒸馏的淡黄色苯胺 5 滴，然后慢慢滴加 8 滴乙酰氯，待反应结束后再加入 5mL 水，并用玻璃棒搅匀观察现象。

用乙酸酐代替乙酰氯重复上述实验操作，注意反应较乙酰氯难进行，并要在热水浴中加热，且需较长时间才能完成反应。

4. 油脂的性质

（1）油脂的不饱和性　取 2 支试管，各加入 0.2g 熟猪油和 2mL 近于无色的植物油，并分别加入 2mL 四氯化碳，振荡，使油脂溶解，然后分别滴加 3%溴的四氯化碳溶液，边加边振摇，观察所发生的变化。

（2）油脂的皂化　取 1 支大试管，分别加入 3g 熟猪油、3mL 95%乙醇和 3mL 30%~40% 氢氧化钠溶液，摇匀后在沸水浴中加热煮沸，待试管中的反应物成一相后，继续加热 10min 左右并经常振荡，皂化完全后将制得的黏稠液体倒入盛有 15~20mL 温热的饱和食盐水的小烧杯中不断搅拌，肥皂逐渐凝固析出。制得的肥皂用玻璃棒取出，做下面的实验：

① 脂肪酸的析出。取 1 支试管，加入 0.5g 肥皂和 4mL 蒸馏水，加热使肥皂溶解。再加入 2mL 稀硫酸（1+5），然后在沸水浴中加热，观察所发生的现象，液面上浮起的一层油状液体是什么物质？

② 钙离子与肥皂的作用。取 1 支试管，加入 2mL 自制肥皂液（0.2g 肥皂加 20mL 蒸馏水制成），摇匀，然后加入 2 滴 10%氯化钙溶液，振荡并观察所发生的变化。

③ 肥皂的乳化作用。取 2 支编码试管，各滴入 2 滴植物油，在 1 支试管中加入 2mL 水，在另 1 支试管中加入 2mL 自制肥皂液。用力振荡 2 支试管，观察现象，并解释原因。

实验注意事项

[1] 蘸取不同酸溶液前，应清洗玻璃棒，以防不同酸液混合，造成实验现象不准确。

[2] 刚果红是一种酸碱指示剂。与弱酸作用呈棕黑色，与强酸作用呈蓝色，与中强酸作用呈蓝黑色。

[3] 乙酰氯与水、醇的反应十分剧烈，并常伴有爆炸声，操作时要十分小心，缓慢滴加，以防液体溅出造成灼伤事故。

[4] 乙酰氯非常容易发生水解，若试管不干燥，乙酰氯则先发生水解反应而无法进行醇解反应。

[5] 加入乙醇的目的是使油脂和碱能混为一相，加快皂化反应的进行。

[6] 皂化是否完全的测定：取几滴皂化液放入一试管中，加入 2mL 蒸馏水，加热并不断振荡，如果这时没有油滴分出，表示皂化已经完全。如果皂化尚不完全，则需将油脂再皂化数分钟，并再次检验皂化是否完全。

[7] 肥皂盐析原理：加入大量氯化钠后，由于同离子效应，肥皂的溶解度降低，同时肥皂胶体溶液中，胶束水化层被盐离子的水合作用破坏，因此肥皂呈固态析出。

思考题

1. 甲酸能发生银镜反应，其他羧酸有此性质吗，为什么？
2. 在碱性介质中，酯的水解速率较快，为什么？
3. 酯化反应时，为什么加入饱和碳酸钠溶液后才出现分层？乙酸乙酯在哪一层？

任务五　认识胺的性质

一、实验目的要求

1. 掌握胺的化合物——伯胺、仲胺、叔胺的鉴别方法。
2. 掌握脂肪胺和芳香胺的化学性质及其差异。

二、基本原理

1. 碱性试验

胺是一类具有碱性的化合物，可以和大多数酸形成盐。

2. 兴斯堡（Hinsberg）反应

在碱性条件下，伯胺、仲胺能与苯磺酰氯（或对甲苯磺酰氯）发生兴斯堡（Hinsberg）反应，根据实验现象的不同，可用于伯胺、仲胺、叔胺三类胺的鉴别。

3. 与亚硝酸的反应

伯胺、仲胺、叔胺还可以与亚硝酸反应，但反应产物不同，而且脂肪族胺和芳香胺也具有不同的实验现象，故可以利用此反应鉴别伯胺、仲胺、叔胺，但不如兴斯堡（Hinsberg）反应现象明显。芳香伯胺在低温下能发生重氮化反应，生成重氮盐。

4. 苯胺的溴代反应

芳香胺分子中由于氨基的存在，导致芳环的亲电取代反应易于进行，苯胺在室温下就能与溴水反应，生成 2,4,6-三溴苯胺白色沉淀。

三、实验所用仪器

石棉网、酒精灯、试管、试管架、试管夹、烧杯、水浴锅、小滴瓶、广口瓶等。

四、实验所用药品试剂

苯胺、二苯胺、*N*-甲基苯胺、*N,N*-二甲基苯胺、二乙胺、三乙胺、无水乙醇、苯磺酰氯（或对甲苯磺酰氯）、浓盐酸、10% NaOH 溶液、亚硝酸钠、β-萘酚溶液、饱和溴水。

五、实验步骤

1. 碱性试验

取 2 支编码试管，一支试管加入 4 滴蒸馏水和 1 滴苯胺，振荡试管，观察溶解情况。再向溶液中滴加 1～2 滴浓盐酸，摇动，观察溶解情况。最后用水稀释，观察溶液澄清与否。

另一支试管，加入少许二苯胺晶体（半个绿豆粒大小），再加入 3～5 滴乙醇使其溶解，再向试管中滴加 3～5 滴蒸馏水，溶液呈乳白色。滴加浓盐酸使溶液刚好变为透明后，再向试管中滴加水，观察溶液是否变浑浊。

2. 兴斯堡（Hinsberg）反应

取 3 支编码试管，分别放入 3 滴苯胺、*N*-甲基苯胺、*N,N*-二甲基苯胺及 5mL 10% NaOH 溶液，振荡，使其充分混合，再加 3 滴苯磺酰氯，用塞子塞住试管口，剧烈振摇 3～5min，除去塞子，振摇下在水浴中加热 1min，冷却溶液，用试纸检验溶液是否呈碱性。若不呈碱性，逐滴加入 10% NaOH 溶液使之呈碱性。观察有无固体或油状物析出。若有析出，则将它们分离出来（采用过滤或使用滴管等方法），并将它们分别置于 3mL 水和 3mL 5%盐酸中，试验其溶解性。如果无沉淀析出，则用 20%盐酸酸化至 pH=6，用玻璃棒摩擦管壁并使试管冷却，再观察有无沉淀析出。根据实验结果得出结论。

3. 与亚硝酸的反应

（1）伯胺的反应

① 脂肪族伯胺。取 1 支试管，加入 10 滴脂肪族伯胺，滴加盐酸使呈酸性，然后滴加 5%亚硝酸钠溶液，观察有无气泡放出，液体是否澄清。

② 芳香族伯胺。取 1 支试管，加入 10 滴苯胺，再加入 2mL 浓盐酸和 3mL 水，摇匀后把试管放在冰水浴中冷却至 0℃。再逐滴加入 20%亚硝酸钠溶液，搅拌直至混合液遇碘化钾-

淀粉试纸呈蓝色为止，此为重氮盐溶液。

取 1mL 重氮盐溶液加热，观察有何现象，注意是否有气体产生。与脂肪族伯胺和亚硝酸的反应现象有何不同？

取 1mL 重氮盐溶液，加入数滴 β-萘酚溶液（0.1g β-萘酚溶于 1mL 5%氢氧化钠中），观察有无橙红色沉淀产生。

（2）仲胺的反应 取 2 支编码试管，分别加入 10 滴 N-甲基苯胺和 10 滴二乙胺，各加 1mL 浓盐酸及 2.5mL 水。把试管浸在冰水中冷却至 0℃。再取出两支试管，分别加入 25%亚硝酸钠溶液约 20 滴，边加边搅拌，观察有无黄色油状物生成。

（3）叔胺的反应 取 N,N-二甲基苯胺及三乙胺，重复②的实验，结果如何？

利用上述实验可以区分胺的类型。

4. 苯胺的溴代反应

在 1 支试管中加入 5 滴水和 1 滴苯胺，摇匀后加入 1 滴饱和溴水，观察有无白色沉淀生成。

实验注意事项

［1］苯胺在水中溶解度小，和盐酸反应成盐后溶解度增大。二苯胺不溶于水，它的盐酸盐只有在过量酸存在时才溶于水。盐用水稀释，则水解又生成二苯胺。

［2］苯磺酰氯有毒并具有腐蚀性，应避免与皮肤接触，也不能吸入其蒸气。此反应宜在通风橱内进行。

［3］某些 N,N-二甲基苯胺与苯磺酰氯共热时会形成紫红色染料，一旦发生这种情况，需重新在 15～20℃水浴中进行反应。

［4］过量的亚硝酸把碘化钾氧化成碘，碘遇淀粉试纸呈蓝色，以此检查重氮化反应的终点。

［5］重氮盐在碱性条件下可与 β-萘酚溶液发生偶合反应生成橙红色染料。

［6］利用胺类化合物和亚硝酸的反应可区分胺的类型：

① 放出氮气，得到澄清液体者为脂肪族伯胺；

② 溶液中有黄色油状物或固体析出，加碱后不变色者为仲胺，加碱至碱性时变为绿色固体者为芳香叔胺；

③ 加热放出氮气，得到澄清液体，加入数滴 β-萘酚溶液与 5%氢氧化钠溶液，出现橙红色沉淀者为芳香伯胺，无颜色者为脂肪族叔胺。

思考题

1. 比较苯胺和二苯胺的碱性强弱。

2. 用碘化钾-淀粉试纸检验重氮化反应终点的根据是什么？

3. 解释兴斯堡试验中观察到的现象。

任务六　认识碳水化合物的性质

一、实验目的要求

1. 掌握碳水化合物的主要化学性质。
2. 了解碳水化合物的鉴定方法。

二、基本原理

碳水化合物也称糖类化合物，是一类广泛存在于动植物体内的多羟基醛或多羟基酮以及它们的缩合物。

通常根据糖类能否水解，以及水解后生成物的数量将其分为单糖（不能水解），如葡萄糖、果糖、核糖等；双糖（水解后生成两个单糖），如蔗糖、麦芽糖等；多糖（水解后生成多个单糖），如淀粉和纤维素等。

1. 与 α-萘酚的反应

在浓硫酸作用下，糖类化合物与 α-萘酚反应生成有色物质。实验时，可见试管中硫酸与试样的界面处形成紫色环，这一特征现象普遍用于碳水化合物的定性鉴定。

2. 还原性

单糖具有还原性，能与托伦试剂发生银镜反应，也能与菲林试剂作用生成氧化亚铜沉淀。

双糖由于两个单糖结合方式不同，有的有还原性，有的则没有还原性。如麦芽糖分子中有一个半缩醛基，属于还原糖，而蔗糖分子中没有半缩醛结构，是非还原糖。

3. 与苯肼试剂的反应

还原糖能与过量的苯肼缩合生成糖脎。糖脎通常为黄色晶体，具有独特的晶形和固定的熔点，可通过观察结晶形状或测定熔点来鉴定还原糖。

葡萄糖和果糖结构不同，却生成相同的糖脎，但由于反应速率不同，析出糖脎的时间也不同，果糖约需 2min，葡萄糖则需 4～5min。可根据这一差异加以区别。

麦芽糖生成的糖脎能溶于热水中，蔗糖没有还原性，不能形成糖脎。利用这些性质差别可鉴定单糖、双糖，还原糖和非还原糖。

4. 淀粉的水解

在酸或者淀粉酶的作用下，淀粉水解生成葡萄糖。

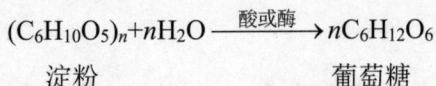

$$(C_6H_{10}O_5)_n + nH_2O \xrightarrow{\text{酸或酶}} nC_6H_{12}O_6$$
$$\text{淀粉} \qquad\qquad\qquad \text{葡萄糖}$$

5. 淀粉与碘的反应

淀粉和纤维素都是由多个葡萄糖缩合而成的大分子化合物，没有还原性。但淀粉遇碘呈现蓝色，反应灵敏，可用于鉴别。

三、实验所用仪器

石棉网、酒精灯、试管、试管架、试管夹、烧杯、水浴锅、小滴瓶、广口瓶、显微镜、棉花等。

四、实验所用药品试剂

蔗糖、果糖、麦芽糖、淀粉、葡萄糖、纤维素、α-萘酚、浓硫酸、浓盐酸、氢氧化钠、硝酸银、浓氨水、硫酸铜、酒石酸钾钠、苯肼盐酸盐、醋酸钠、冰醋酸、活性炭、碘水。

五、实验步骤

（一）与 α-萘酚的反应

取 4 支编码试管，各加入 2 滴 α-萘酚的乙醇溶液，再分别加入 0.5mL 5%的葡萄糖溶液、5%的蔗糖溶液、2%的淀粉溶液、5%的纤维素溶液。混合均匀后将试管倾斜 45°，沿试管壁缓慢加入 1mL 浓硫酸，不要振动。逐渐竖直试管观察，硫酸在下层，试液在上层，两层交界处有什么现象发生？若数分钟后仍无颜色变化，可在水浴中温热后再观察。

（二）还原性

1. 与托伦试剂的反应

取 4 支洁净的编码试管，分别加入 2mL 托伦试剂，再分别加入 5 滴 5%的葡萄糖溶液、5%的果糖溶液、5%的麦芽糖溶液、5%的蔗糖溶液，摇匀后放入 60～80℃水浴中加热 5min。取出观察是否有银镜生成，记录实验现象并解释原因。

2. 与菲林试剂的反应

取 4 支编码试管，分别加入 1mL 菲林试剂 A 和 1mL 菲林试剂 B，再分别加入 5 滴 5%的葡萄糖溶液、5%的果糖溶液、5%的麦芽糖溶液、5%的蔗糖溶液，振动摇匀后，在沸水浴中加热 2min。取出试管观察是否有砖红色沉淀生成，记录实验现象并解释原因。

（三）与苯肼试剂的反应

取 4 支洁净的编码试管，各加入 1mL 5%的葡萄糖溶液、5%的果糖溶液、5%的麦芽糖溶液、5%的蔗糖溶液，再各加入新配制的苯肼试剂 1mL，混合均匀后，试管口塞少许棉花，再将试管放入沸水浴中加热 15～20min，时常振荡试管，以免形成糖脎的过饱和溶液，然后将试管慢慢冷却，注意观察并记录试管中出现结晶的时间。从有结晶体的试管中取少许晶体置于显微镜载玻片上，在显微镜上观察晶型。

（四）淀粉的水解

在试管中加入 2mL 2%淀粉溶液和 0.5mL 浓盐酸，摇匀后放入沸水浴中加热 10min。取出试管，冷却后滴加 10%的氢氧化钠溶液至中性（用 pH 试纸检验）。向试管中加入 1mL 菲林试剂 A 和 1mL 菲林试剂 B，摇匀后置于水浴中加热。取另外 1 支试管加入 2mL 2%淀粉溶液和 1mL 菲林试剂 A 和 1mL 菲林试剂 B，混匀后加热，10min 后取出试管观察哪支试管有砖红色沉淀生成，为什么？

（五）淀粉与碘的反应

取 1 支试管，加入 0.5mL 2%的淀粉溶液和 2mL 蒸馏水，再加入一滴碘溶液，观察发生了什么现象。将溶液加热，有什么变化？冷却溶液，又有什么变化？记录实验现象。

--- 实验注意事项 ---

[1]某些有机化合物，如甲酸、草酸、乳酸和丙酮等与 α-萘酚发生反应也能发生有色反应现象。

[2]苯肼试剂的制备：在 36mL 蒸馏水中溶解 4g 苯肼盐酸盐，再加 6g 乙酸钠晶体和 1 滴冰醋酸，如果所得溶液浑浊，则需要加少许活性炭。搅拌后过滤，将滤液保存于棕色试剂瓶中。或将 4g（4mL）苯肼溶于 4g（4mL）冰醋酸的 36mL 水中，然后如前法制得苯肼试剂，将滤液保存于棕色试剂瓶中。苯肼试剂久置后会失效。苯肼有毒，且可能为致癌物质，取用时切勿与皮肤接触，一旦接触，必须立即用 5%乙酸洗去，然后用肥皂水洗。

[3]用少许棉花塞住试管口的目的是，减少苯肼蒸气逸出。

[4]加热时间不可过长，否则蔗糖在酸性介质中长时间受热会水解生成葡萄糖和果糖，而形成糖脎，导致错误的实验结果。

[5]各种糖形成糖脎的时间：蔗糖约 2min 析出结晶；葡萄糖约 5min 析出结晶；麦芽糖溶液冷却后析出结晶；果糖 30min 内没有现象变化。

[6]淀粉遇碘变蓝色，是因为形成了一种包合物。加热时包合物结构受到破坏，所以颜色消失，冷却后重新形成包合物，颜色也重新恢复。

--- 思考题 ---

1. 能与 α-萘酚发生显色反应的物质是否可确认为糖类？为什么？
2. 何谓还原性糖？是否可用糖脎反应来鉴别还原性糖和非还原性糖？
3. 用什么方法可简便地检验淀粉的水解程度？

任务七　认识氨基酸及蛋白质的性质

一、实验目的要求

1. 掌握蛋白质和氨基酸的主要化学性质。

2. 了解蛋白质和氨基酸的鉴定方法。

二、实验原理

蛋白质是存在于细胞中的一种含氮的生物高分子化合物，在酸、碱存在下，或受酶的作用，水解成分子量较小的多肽和寡肽，而水解的最终产物为各种氨基酸，其中以 α-氨基酸为主。

关于氨基酸和蛋白质的性质，本任务只做蛋白质的沉淀、蛋白质的颜色反应、蛋白质的分解等性质实验，这些性质实验有助于我们认识或鉴定氨基酸和蛋白质。

1. 氨基酸和蛋白质的两性性质

氨基酸分子中既含有氨基又含有羧基，因此它们具有酸碱两类性质，是两性化合物。在强酸性溶液中，氨基酸以正离子形式存在，在强碱溶液中以负离子形式存在。

与氨基酸相似，蛋白质也具有两性。在强酸性溶液中，蛋白质以正离子形式存在，在强碱溶液中以负离子形式存在。

2. 盐析作用

蛋白质是多种氨基酸的缩聚物，其水溶液具有胶体性质，通过盐析作用，可使蛋白质沉淀出来。

3. 显色反应

蛋白质能与茚三酮溶液发生显色反应。绝大多数蛋白质能发生缩二脲反应显紫色，发生黄蛋白反应显黄色，与硝酸汞试剂作用显红色，通常利用这些反应进行蛋白质的定性鉴定。

4. 与重金属盐作用

蛋白质可与许多重金属盐作用产生沉淀，医学上利用这一性质，将蛋白质作为许多重金属中毒的解毒剂。

三、实验所用仪器

试管、试管夹、试管架、玻璃棒、烧杯、滴瓶、广口瓶、水浴锅、酒精灯、石蕊试纸等。

四、实验所用药品试剂

酪氨酸、蛋白质溶液、甘氨酸、浓盐酸、氢氧化钠、硫酸铵、茚三酮、无水乙醇、浓硝酸、硝酸汞、硫酸铜、醋酸铅、硝酸银。

五、实验步骤

（一）氨基酸和蛋白质的两性性质

1. 氨基酸的两性性质

取 1 支试管，加入 0.1g 酪氨酸和 2mL 蒸馏水，振荡，再加入 1mL 10%氢氧化钠溶液，观察现象。再逐滴加入 10%盐酸，直至溶液刚显酸性（蓝色石蕊试纸刚变红），振荡 1min，观察现象。最后滴加 10%盐酸 10 滴以上，观察并记录结果。

2. 蛋白质的两性性质

取 1 支试管，加入 5 滴 5%蛋白质溶液，振荡，再逐滴加入浓盐酸，当加入过量酸时，观察溶液有何变化。用滴管吸取该溶液 1mL 置于另外一支试管中,逐滴加入 10%氢氧化钠溶液,注意在碱过量时溶液有何变化。

(二)盐析作用

取 1 支试管,加入 2mL 5%蛋白质溶液,振荡,再向试管中加入硫酸铵粉末,直至硫酸铵粉末不再溶解为止。静置观察,当下层产生絮状沉淀(清蛋白)后,小心吸出上层清液,再向试管中加入等体积的蒸馏水,振荡后观察沉淀是否溶解,为什么?

(三)显色反应

1. 茚三酮反应

取 2 支编码试管,各加入 4 滴 0.5%的甘氨酸溶液和 4 滴 0.5%的蛋白质溶液,再各加 2 滴 0.1%的茚三酮试剂,振摇均匀后置于沸水浴中加热 2min,观察有什么现象发生。

2. 缩二脲反应

取 1 支试管,加入 2mL 5%的蛋白质溶液和 2mL 30%氢氧化钠溶液,然后滴加 2 滴稀硫酸铜溶液,振摇后观察有什么现象发生。

3. 黄蛋白反应

取 1 支试管,加入 1mL 5%蛋白质溶液和 5 滴浓硝酸,溶液变浑浊或析出白色沉淀,然后将混合物加热煮沸 1~2min,注意观察有什么变化。

4. 与硝酸汞试剂反应

取 1 支试管,加入 1mL 5%蛋白质溶液和 2 滴硝酸汞试剂,振摇后,小心加热并观察有什么现象发生。

(四)与重金属盐反应

取 3 支编码试管,各加入 1mL 5%蛋白质溶液,再分别滴加饱和硫酸铜溶液、20%的醋酸铅溶液、30%的硝酸银溶液,边滴加边振摇,观察并记录实验现象。

实验注意事项

[1]盐析作用还可以分离蛋白质。因为用同一种盐进行盐析时,不同的蛋白质需要不同浓度的盐溶液。例如,向鸡蛋清溶液中加硫酸铵至半饱和时,其中的球蛋白析出。过滤除去球蛋白后,再加硫酸铵至饱和,清蛋白即沉淀析出。

[2]茚三酮反应宜在 pH=5~7 溶液中进行。除蛋白质外,氨基酸、氨和许多伯胺也能发生此反应。

[3]0.1%茚三酮-乙醇溶液的制备(用时新配):将 0.1g 茚三酮溶于 125mL 95%乙醇中。

[4]尿素也发生缩二脲反应,但在碱性介质中显红色,而蛋白质的缩二脲反应显紫色。

[5]稀硫酸铜溶液的配制:取一份饱和硫酸铜溶液,加 30 份水稀释。硫酸铜溶液不可过量,否则将生成蓝绿色氢氧化铜沉淀,而掩蔽产生的紫色。

[6] 蛋白质中的苯丙氨酸和色氨酸等与硝酸发生硝化反应，生成黄色的硝基化合物，称作黄蛋白反应。皮肤沾上硝酸显黄色就是发生了这样的反应。

　　[7] 重金属盐与蛋白质形成不溶于水的化合物，这种沉淀作用是不可逆的，而且盐的浓度很小时就可产生沉淀。但沉淀可溶解于过量的沉淀剂溶液中，所以加入的硫酸铜和醋酸铅等溶液不能过量。

思考题

1. 蛋白质的主要成分是什么？水解后生成什么物质？
2. 可用哪些简便方法来鉴别蛋白质？
3. 将剪下的指甲放入浓硝酸中，几分钟后，指甲变成黄色，为什么？
4. 发生汞中毒后，可用鸡蛋清或生豆浆作解毒剂，为什么？

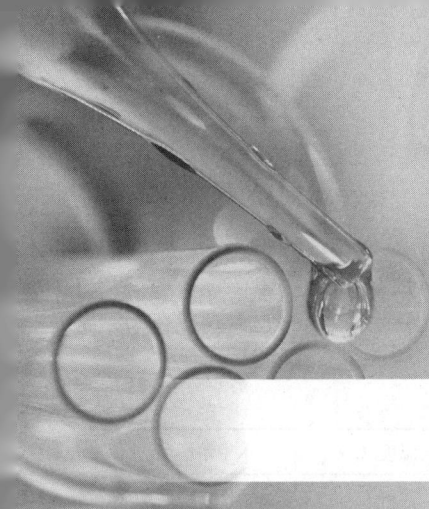

附　录

附录 I　常用部分元素的原子量

元素名称	符号	原子量	元素名称	符号	原子量
氢	H	1.008	钠	Na	22.99
碳	C	12.01	钾	K	39.10
氮	N	14.01	镁	Mg	24.31
氧	O	16.00	钙	Ca	40.08
氟	F	19.00	铝	Al	26.98
氯	Cl	35.45	银	Ag	107.87
溴	Br	79.90	铁	Fe	55.85
碘	I	126.9	锰	Mn	54.94
硅	Si	28.09	汞	Hg	200.59
磷	P	30.97	锌	Zn	65.38
硫	S	32.07	锡	Sn	118.71
铜	Cu	63.55	铬	Cr	51.996

附录 II　常用有机溶剂的沸点、相对密度

名称	沸点/℃	相对密度（d_4^{20}）	名称	沸点/℃	相对密度（d_4^{20}）
甲醇	64.96	0.7914	苯	80.1	0.8787
乙醇	78.5	0.7893	甲苯	110.6	0.8669
乙醚	34.51	0.7138	氯仿	61.7	1.4832
丙酮	56.2	0.7899	四氯化碳	76.54	1.5940
乙酸（醋酸）	117.9	1.0492	二硫化碳	46.25	1.2661
乙酸酐	139.55	1.0820	硝基苯	210.8	1.2037
乙酸乙酯	77.06	0.9003	正丁醇	117.25	0.8098

附录III　常用有机溶剂在水中的溶解度

名称	温度/℃	水中溶解度	名称	温度/℃	水中溶解度
氯仿	20	0.81%	正丁醇	20	7.81%
四氯化碳	15	0.077%	乙醚	15	7.83%
苯	20	0.175%	乙酸乙酯	15	8.30%
硝基苯	15	0.18%	正戊醇	20	2.60%

附录IV　常用有机溶剂的处理

一、无水甲醇

甲醇为一级易燃液体，应储存于阴凉通风处，注意防火。甲醇可经皮肤进入人体，饮用或吸入甲醇蒸气，会刺激视神经和视网膜，导致眼睛失明。

市售甲醇大多通过合成法制备，一般纯度达到 99.85%，其中可能含有极少量的水和丙酮。由于甲醇和水不能形成恒沸混合物，借高效的分馏柱提纯，即得纯品。如要制取无水甲醇，可参照用镁制备无水乙醇的方法处理，甲醇有毒，处理时应注意避免吸入其蒸气。

纯甲醇沸点为 64.96℃，d_4^{20} 为 0.7914，n_D^{20} 为 1.3288。

二、无水乙醇

乙醇为一级易燃液体，应存放在阴凉通风处，远离火源。乙醇可通过口腔、胃壁黏膜吸入，对人体产生刺激作用，易产生催眠和麻醉等作用，严重时会造成恶心、呕吐，甚至昏迷。

乙醇和水可形成恒沸物，通常工业用的 95.5%乙醇不能直接用蒸馏法制取无水乙醇。要把水除去，第一步先加入氧化钙（生石灰）煮沸回流，乙醇中的水与氧化钙作用，生成氢氧化钙，然后将无水乙醇蒸出，其纯度最高可达 99.5%。如要得到纯度更高的绝对（无水）乙醇，需用金属镁与金属钠进行处理。

1. 由 95.5%乙醇制取 99.5%乙醇的方法

在 250mL 干燥圆底烧瓶中，放入 45g 氧化钙和 100mL 95.5%乙醇，装上回流冷凝管，其上口接一根氯化钙干燥管，在水浴上回流 2～3h，然后改成蒸馏装置，用水浴加热蒸馏，收集无水乙醇 70～80mL。

2. 用 99.5%无水乙醇制取 99.95%绝对乙醇的方法

（1）用金属钠制取　在 250mL 圆底烧瓶中，加入 2g 金属钠和 100mL 纯度至少是 99%的乙醇，加入几粒沸石，加热回流 30min，加入 4g 邻苯二甲酸二乙酯，再回流 10min。改装成蒸馏装置，进行蒸馏。产物储于玻璃瓶中，用橡胶塞塞住。

（2）用金属镁制取　在 250mL 圆底烧瓶中，加入 0.6g 干燥的镁条（或镁屑）和 10mL 99.5%乙醇。在水浴上微热后，移去热源，立即投入几粒碘片，此时注意不要振荡。不久碘粒附近发生反应，慢慢扩大，最后可以达到相当激烈的程度。若作用太慢，可适当加热，促使反应进行。待镁条全部作用完毕，加入 100mL 99.5%乙醇和几粒沸石，回流 1h，蒸馏，产物收存于玻璃瓶内，用橡胶塞塞住。这样制得的乙醇，纯度超过 99.95%。沸点为 78.5℃，d_4^{20} 为 0.7893，n_D^{20} 为 1.3611。

三、无水乙醚

乙醚为一级易燃液体，由于沸点低、闪点低、挥发性大，储存时要注意通风，避免日光直射，远离热源，并加入少量氢氧化钾，以避免过氧化。乙醚有麻醉作用，当吸入含乙醚 3.5%（体积分数）的空气时，30～40min 就可失去知觉。

市售乙醚常含有一定量的水、乙醇和少量过氧化物等杂质，不适用于一些要求以无水乙醚作为溶剂的反应，所以在使用之前需要自行制备无水乙醚。

制备无水乙醚之前首先要检验乙醚中是否含有过氧化物。取少量乙醚，加入等体积的 2%碘化钾溶液，再加几滴稀盐酸，振摇混匀。如混合液能使淀粉溶液变为紫色或蓝色，即表明有过氧化物存在。

除去过氧化物的方法：在分液漏斗中加入乙醚和相当于乙醚体积 1/5 的新配制的硫酸亚铁溶液（110mL 水中加入 6mL 浓硫酸，再加入 60g 硫酸亚铁），剧烈振摇后分去水溶液。

无水乙醚的制备方法：在 250mL 圆底烧瓶中，加入 100mL 市售乙醚和几粒沸石，装上回流冷凝管，其上口用一个软木塞塞住。该软木塞的侧面有一个豁口，使体系与大气相通，同时木塞中央插入盛有 10mL 浓硫酸的小滴液漏斗。接通冷凝水后，将浓硫酸慢慢滴入乙醚中，浓硫酸遇乙醚所含的水，会放出大量的热，使乙醚沸腾。加完硫酸后，小心振摇反应物使作用完全。当乙醚停止沸腾后，拆下冷凝管，改装为蒸馏装置。

用 100mL 蒸馏烧瓶作为接收器，其支管连接氯化钙干燥管，并在干燥管上连接橡胶管将乙醚蒸气导入水槽。在圆底烧瓶中加几粒沸石，用事先准备好的水浴加热蒸馏。注意蒸馏速度不能太快，以免乙醚蒸气不能全部冷凝而逸散到实验室内造成意外。当收集到 70～80mL 乙醚时，蒸馏速度显著下降，即可停止蒸馏。烧瓶中残余液体倒到指定的回收瓶中，绝对不得将水加入残余液中。

将收集的乙醚倒入干燥的锥形瓶中，加入小量钠丝或钠片，以进一步干燥去水，瓶口用带有氯化钙干燥管的软木塞塞住，放置 24h 以上，使乙醚中残留的水和乙醇完全转化为氢氧化钠和乙醇钠。如在放置之后全部金属钠已经作用完，就需要再加少量金属钠，放置，直到无气泡发生，金属钠表面光亮时，换上瓶塞，放置备用。

纯乙醚沸点为 34.51℃，d_4^{20} 为 0.7138，n_D^{20} 为 1.3526。

四、丙酮

丙酮为常用溶剂，一级易燃液体，沸点低、挥发性大，应置于阴凉处，密封储存，远离火源。丙酮毒性较低，但长期处于丙酮蒸气中，也可能引起不适症状。蒸气浓度较高时，会出现头痛、昏迷等中毒症状。普通丙酮中往往含有少量水及甲醇、乙醛等杂质，可用下列方法精制。

（1）于 1000mL 丙酮中加入 5g 高锰酸钾进行回流，以除去还原性杂质。如紫色很快消失，需再加入少量高锰酸钾继续回流，直至紫色不再消失为止。蒸出丙酮，用无水碳酸钾或无水硫酸钙干燥，过滤，蒸馏，收集 55～56.5℃的馏分。

（2）于 1000mL 丙酮中加入 40mL 10%硝酸银溶液及 35mL 0.1mol/L 氢氧化钠溶液，振荡 10min，除去还原性杂质。过滤，滤液用无水硫酸钙干燥后蒸馏，收集 55～56.5℃的馏分。

纯丙酮沸点为 56.2℃，d_4^{20} 为 0.7899，n_D^{20} 为 1.3588。

五、石油醚

石油醚是低级烷烃的混合物，为一级易燃液体，大量吸入石油醚蒸气会有麻醉症状。按沸程的不同，可分为 30～60℃、60～90℃、90～120℃三类，其主要成分为戊烷、己烷、庚烷。石油醚中含有少量不饱和烃、芳烃等杂质，其沸点与烷烃相近，用蒸馏方法不能分离，必要时可用浓硫酸和高锰酸钾溶液把它洗去。

通常将石油醚先用相当于其体积 10%的浓硫酸洗涤两三次，再用 10%硫酸加入高锰酸钾配成的饱和溶液洗涤，直至水层中的紫色不再消失为止。然后用水冲洗，经无水氯化钙干燥后蒸馏。如要绝对干燥的石油醚，则需要加入钠丝（参阅无水乙醚的制备）。

六、乙酸乙酯

乙酸乙酯为一级易燃品，与空气混合物的爆炸极限为 2.2%～11.4%（体积分数）。乙酸乙酯有果香味，对眼睛、皮肤和黏膜有刺激性。

沸点在 76～77℃的乙酸乙酯，含量为 99%，已可应用。普通乙酸乙酯含量为 95%～98%，含有少量水、乙醇和乙酸，需要纯化后使用。可用下述方法精制：

于 1000mL 乙酸乙酯中，加入 100mL 乙酸酐、10 滴浓硫酸，加热回流 4h，除去乙醇及水等杂质，然后进行分馏。馏出液用 20～30g 无水碳酸钾干燥，再蒸馏。最后产物的沸点为 77℃，纯度达 99.7%。

纯乙酸乙酯沸点为 77.06℃，d_4^{20} 为 0.9003，n_D^{20} 为 1.3723。

七、三氯甲烷

三氯甲烷又称氯仿，不易燃烧，与高温、明火或红热物体接触或置于空气和光照下，会分解产生光气、氯和氯化氢等有毒物质，应置于阴凉处密封储存。氯仿具有麻醉性，长期接触易损害肝脏。此外，液体氯仿直接接触皮肤，会产生脱脂作用而损伤皮肤。

通常在氯仿中加入 0.5%～1%的乙醇作为稳定剂，以防止氯仿分解为有毒的光气。除去乙醇的方法有：

（1）在氯仿中加入相当于其一半体积的水，振荡后静置分层。用无水氯化钙干燥氯仿层数小时，然后蒸馏。

（2）也可在 1000mL 氯仿中加入 50mL 浓硫酸，振荡，静置，分出酸层。用水洗涤氯仿层，再用无水氯化钙干燥，然后蒸馏。

制得的无水氯仿不含乙醇，应保存于棕色瓶中，不要见光，以免分解。注意：氯仿不能用金属钠干燥，否则易引起爆炸。

纯氯仿沸点为 61.7℃，d_4^{20} 为 1.4832，n_D^{20} 为 1.4459。

八、四氯化碳

四氯化碳为无色、易挥发、不易燃的液体，具有氯仿的微甜气味，遇火或灼热物可分解为二氧化碳、氯化氢、光气和氯气等。麻醉性比氯仿小，但对心、肝、肾的毒性强。四氯化碳慢性中毒会造成眼睛损害，出现黄疸、肝脏肿大等症状。

四氯化碳微溶于水，可与乙醇、乙醚、氯仿及石油醚等混溶。通常四氯化碳含 4%二硫化碳和微量乙醇。纯化时，1000mL 四氯化碳可与 60g 氢氧化钾溶于 60mL 水和 100mL 乙醇混合在一起，在 50～60℃时振摇 30min，水洗后重复以上操作一次（氢氧化钾的用量减半），最后用氯化钙干燥、过滤、蒸馏，收集 76.7℃时的馏分。

注意：切忌用金属钠干燥，避免爆炸危险。

纯四氯化碳沸点为 76.54℃，d_4^{20} 为 1.5940，n_D^{20} 为 1.595。

九、苯

苯为一级易燃品，其蒸气对人体有强烈的毒性，以损害造血器官与神经系统最为显著，病状为白细胞降低、头晕、记忆力减退等。

普通苯含有少量水（约 0.02%）及噻吩（约 0.15%）。一方面可选用无水氯化钙干燥过夜，过滤，加入钠片干燥，以除去少量的水；另一方面，根据噻吩比苯更容易磺化的性质，以除去噻吩。在分液漏斗中加入相当于苯体积 10%的浓硫酸，室温下振摇，静置混合物，弃去底层酸液，再加入新的浓硫酸，重复上述操作，直至酸层呈无色或淡黄色，且检验无噻吩为止。噻吩的检验方法是：取 5 滴苯于试管中，加入 5 滴浓硫酸和 1～2 滴 1%靛红浓硫酸溶液，振摇片刻，如呈墨绿色或蓝色，表示有噻吩存在。再依次用水、10%碳酸钠溶液、水洗涤苯层，再用无水氯化钙干燥，蒸馏，收集 80℃的馏分备用。若要高度干燥的苯，可加入钠片干燥。

纯苯沸点为 80.1℃，d_4^{20} 为 0.8787，n_D^{20} 为 1.5011。

十、甲苯

甲苯为易燃品，毒性比苯小。在空气中的爆炸极限为 1.27%～7%（体积分数）。

甲苯不溶于水，可混溶于苯、醇、醚等多种有机溶剂。甲苯与水形成共沸物，沸点为 84.1℃，共沸物约含 81.4%的甲苯。甲苯中含甲基噻吩，处理方法与苯相同。

注意：由于甲苯比苯更易磺化，故用浓硫酸洗涤时，温度应控制在 30℃以下。

纯甲苯沸点为 110.6℃，d_4^{20} 为 0.8669，n_D^{20} 为 1.4967。

十一、正己烷

正己烷为无色、易挥发的液体，与醇、醚和三氯甲烷混溶，不溶于水，具有低毒、高挥发性、高脂溶性及蓄积作用，其对皮肤黏膜有刺激作用，长期接触可致多发性周围神经病变。吸入正己烷，有恶心、头痛、眼及咽刺激感，出现眩晕，轻度麻醉。在空气中，其爆炸极限为 1.1%～8%（体积分数）。

普通正己烷试剂中往往含有一定量的苯和其他烃类，其纯化方法为：先加入少量的发烟硫酸振摇，分离酸，再加入发烟硫酸振摇，如此反复，直至酸的颜色呈淡黄色，再分别用浓硫酸、水、2%氢氧化钠溶液、水进行洗涤，而后用氢氧化钾干燥，最后蒸馏，收集 68.7℃的馏分，得到高纯度的正己烷。

纯正己烷沸点为 68.7℃，d_4^{20} 为 0.6593，n_D^{20} 为 1.3748。

十二、四氢呋喃

四氢呋喃是具有乙醚气味的无色透明液体。市售的四氢呋喃常含有少量水分和过氧化物，通常可将四氢呋喃与氢化铝锂在隔绝潮气和氮气的环境下回流（1000mL 需 2～4g 氢化铝锂），以除去水和过氧化物，最后常压下蒸馏，收集 67℃的馏分，得到无水四氢呋喃。精制的无水四氢呋喃应加入钠丝，保存在氮气环境中。若放置较久，应加 0.025% 4-甲基-2-6-二叔丁基苯酚作抗氧剂。

注意：处理四氢呋喃时，应先用少量进行实验，以确定只有少量水和过氧化物，作用不过于猛烈时，方可进行纯化实验。一般情况下，可用酸化的碘化钾溶液来检验四氢呋喃中的过氧化物，如有过氧化物存在，则立即出现游离碘的颜色，此时可加入 0.3%的氯化亚铜，加热回流 30min，蒸馏，以除去过氧化物。

纯四氢呋喃沸点为 67℃，d_4^{20} 为 0.8892，n_D^{20} 为 1.4050。

附录Ⅴ　危险化学试剂的使用知识

根据常用化学试剂的危险性质，可将化学试剂分为易燃、易爆和有毒药品三类。必须正确使用和保管上述三类药品，严格遵守操作规程，以免发生事故。

一、易燃化学药品

易燃化学药品可分以下几类。

1. 可燃气体

它包括甲烷、一氯甲烷、一氯乙烷、乙烯、煤气、氢、硫化氢、氧、二氧化硫、氨、乙胺等。

2. 易燃液体

它包括以下几类。

（1）一级易燃液体：丙酮、乙醚、汽油、环氧丙烷、环氧乙烷等。

（2）二级易燃液体：甲醇、乙醇、吡啶、二甲苯等。

（3）三级易燃液体：柴油、煤油、松节油等。

3. 易燃固体

它包括有机物如硝化纤维、樟脑、胶卷等，无机物如红磷、硫黄、镁、铝等。

4. 自燃物质

黄磷：它在空气中能自燃，必须将其保存在盛水玻璃瓶中，再放入金属筒中，切勿直接放在金属筒中，以免腐蚀。随取随用，不能露置空气中过久。用过后必须采取适当方法销毁残余部分，并仔细检查有没有散落在桌子上或地面上。

5. 遇水燃烧的物质

金属钠、钾、锌粉和电石等都能与水发生剧烈反应，放出可燃性气体。金属钾、钠应储存在煤油或液体石蜡中，不能露置在空气中。如遇着火，可用石棉布扑灭，不能用四氯化碳灭火器或二氧化碳泡沫灭火器，因为前者与钾、钠起爆炸反应，后者则会加强钠或钾的火势。

大部分有机溶剂都是易燃物质，使用时必须注意以下几个方面：

（1）实验室内不要存放大量易燃溶剂，储存少量也必须密封，切不可放在开口容器内，应远离火源，远离靠近电源的地方，并且应该放置在阴凉、避光处和通风处。

（2）对易燃性溶剂切不能直接用明火加热，必须用水浴、油浴加热或用可调节电压的电热套进行加热。

（3）蒸馏、回流易燃液体时，要防止局部过热；烧瓶内液体体积不得超过烧瓶容量的 2/3，且不得少于烧瓶容量的 1/3；加热中途不得加沸石或活性炭，以免暴沸使液体冲出而着火；冷凝管水流要畅通；干燥管切勿阻塞不通而造成体系密闭；仪器连接处塞子要配合紧密，以免蒸气逸出着火。

（4）使用过的溶剂必须进行回收，切勿倒入下水道，含有机溶剂的滤饼不能倒进敞口的废液缸，燃着的火柴头切勿丢入废液缸内。

二、易爆化学药品

易爆药品，如三硝基甲苯、硝化纤维素、苦味酸等不能与其他类试剂一起储存。

经常使用的乙醚，不仅其蒸气与空气或氧混合可形成爆炸混合物，同时由于储存过程中，光或氧的作用还可使其氧化成过氧化物，后者沸点比乙醚高，在蒸馏乙醚时，过氧化物浓度逐渐升高，最后发生爆炸。因此取用时，必须先检验有无过氧化物，如有，则必须处理后再用（检验和处理方法见附录Ⅳ）。此外，二氧六环、四氢呋喃等也可产生过氧化物而引起爆炸。

一些氧化剂如氯酸钾、硝酸盐、高锰酸盐、重铬酸盐及过氧化物等试剂，当它们受热、撞击或混入还原性物质时可能引起爆炸。因此，这类物质不能与还原性物质或可燃物一起储存，应放置在阴凉通风处。

这些氧化剂易爆药品可分为三个等级：

（1）一级。与有机物或水作用易引起爆炸的，如氯酸钾、过氧化钠、高氯酸等。

（2）二级。遇热或日晒后能引起爆炸的，如高锰酸钾、过氧化氢等。

（3）三级。遇高温或与酸作用能引起爆炸的，如重铬酸钾、硝酸铅等。

由于氧化物与有机物接触极易引起爆炸，故使用时应特别注意。

三、有毒化学药品

日常我们所接触的化学药品中，多数是经长期接触或接触量过大而造成急性或慢性中毒，必须加强防护措施，以免伤害人体。这些有毒化学药品中，少数是剧毒品，如氰化物、三氧化二砷或其他砷化物、升汞及其他汞盐等。剧毒品应锁在固定的铁柜里，并由专人负责保管，每次使用以后要登记验收，并不得随意丢弃。下面对一些剧毒或易对人体造成伤害的化学药品及使用时应注意的问题作一下简单介绍。

氰化物：取用时必须戴厚口罩、防护眼镜及手套（手上有伤口者不得取用），研磨时必须用有盖研钵，并在通风橱内进行，但不要排风。使用过的仪器、桌面，用水冲净，手与脸亦应仔细洗净，工作服必须换洗。氰化物的销毁方法是将其与亚铁盐（在碱性介质中）作用生成亚铁氰酸盐。

汞：在室温下即能蒸发，毒性极强，能致急性或慢性中毒，必须在通风橱内进行处理，并防止泼翻，一旦泼翻，可用水泵减压收集，分散小粒则可用硫粉处理。汞的表面应该用水掩盖，切不可直接暴露在空气中。

溴：液溴可致皮肤灼伤，其蒸气刺激黏膜，甚至可使眼睛失明，应用时必须在通风橱内进行操作，若有洒落，应立即用沙掩埋。

黄磷：极毒，切不能用手直接取用，否则会引起严重持久性烫伤。

有毒气体：如溴、氯、氰化氢、溴化氢、氯化氢、氟化氢、硫化氢、二氧化硫、光气、氨、一氧化碳等都为刺激性或窒息性气体，使用时应在通风良好的通风橱内操作。反应中如有以上气体产生时，则应安装气体吸收装置。

强酸、强碱都会造成化学灼伤，储存、使用时必须注意。如稀释硫酸时必须在搅拌下将硫酸慢慢倒入水中，并将容器置于冷水或冰水浴中；储存强碱的玻璃瓶要用橡胶塞，不能用玻璃塞，以免腐蚀；取碱必须戴手套，配制碱液必须在烧杯中进行，切不能用小口瓶或量筒，以防容器受热破裂发生事故；开启氨水瓶时需先冷却，最好在通风橱内操作；浓酸、浓碱不宜放在高位架上，以防碰翻造成灼伤。

有机溶剂：有机溶剂多为脂溶性液体，对皮肤和黏膜有刺激作用。如苯不仅刺激皮肤，而且进入人体后不易排出，在体内积累，严重损害造血和中枢神经系统；甲醇损害视神经，严重者可致命。实验时最好根据需要选用毒性较低或挥发性较低的石油醚、醚、丙酮、二甲苯来代替二硫化碳、苯和卤代烷类。

生物碱：大多数具有强毒性，亦可被皮肤吸收，少量即可导致危险性中毒，甚至死亡。

致癌物质：很多烷基化试剂，如对甲苯磺酸甲酯、偶氮乙烷、丙烯酯类；一些硝基化合物，如亚硝基二甲胺、*N*-甲基-*N*-亚硝基尿素等；芳胺及其衍生物，如2-萘胺、联苯胺、*N*-乙酰氨基苯酚等；部分稠环芳烃，如3,4-苯并芘、9,10-二甲基苯并蒽等；一些含硫化合物，如硫代乙酰胺、硫脲等；石棉粉尘；这些都是致癌物质，尤其是9,10-二甲基苯并蒽是强致癌物质。

其他：如硫酸二甲酯、苯胺及其衍生物吸入及皮肤吸收均可引起中毒，前者中毒后呼吸道灼痛，滴在皮肤上能引起溃疡乃至坏死，长期摄入体内有致癌作用；后者慢性中毒引起贫血。芳香族硝基化合物，能迅速被皮肤吸收中毒而引起顽固性贫血及黄疸病，这类化合物中硝基越多毒性越大，如含氯原子也会使硝基化合物毒性增大。

下列各表分别列出了一些有毒化学药品的极限安全值（TLV，单位为 $\mu g \cdot g^{-1}$），即空气中该有毒物质蒸气或粉尘的极限含量，在此极限内，一般人重复接触不致受害。

1. 高毒性固体
很少量就能使人迅速中毒甚至致死。

物质	TLV
三氧化铼	0.002
汞化合物，尤其是烷基汞	0.008
铊盐	0.08（按 Tl 计）
硒和硒化合物	0.2（按 Se 计）
砷化合物	0.4（按 As 计）
五氧化二钒	0.4
草酸和草酸盐	0.8
无机氰化物	4（按 CN 计）

2. 毒性危险气体

物质	TLV	物质	TLV
氟	0.1	氟化氢	3
光气	0.1	二氧化氮	5
臭氧	0.1	亚硝酰氯	5
重氮甲烷	0.2	氰	10
磷化氢	0.3	氰化氢	10
三氟化硼	1	硫化氢	10
氯	1	一氧化碳	50

3. 毒性危险液体和刺激性物质

物质	TLV	物质	TLV
羰基镍	0.001	三溴化硼	1
异氰酸甲酯	0.02	2-氯乙醇	1
丙烯醛	0.1	四溴乙烷	1
溴	0.1	丙烯醇	2
硫酸二甲酯	1	2-丁烯醛	2
硫酸二乙酯	1	氢氟酸	3
3-氯丙烯	1	四氯乙烷	5
苯氯甲烷	1	苯	10
苯溴甲烷	1	溴甲烷	15
三氯化硼	1	二硫化碳	20

4. 其他有害物质

物质	TLV	物质	TLV
溴仿	0.5	苯胺	5
碘甲烷	5	二甲胺	10
四氯化碳	10	乙胺	10
氯仿	10	三乙胺	25
1,2-二溴乙烷	20	苦味酸	0.08
1,2-二氯乙烷	50	硝基苯	1
溴乙烷	200	苯酚	5
二氯甲烷	200	甲苯酚	5

参考文献

[1] 高职高专化学教材编写组. 有机化学实验 [M]. 2 版. 北京：高等教育出版社，2002.

[2] 高职高专化学教材编写组. 有机化学实验 [M]. 3 版. 北京：高等教育出版社，2008.

[3] 高职高专化学教材编写组. 有机化学实验 [M]. 4 版. 北京：高等教育出版社，2013.

[4] 高职高专化学教材编写组. 有机化学实验 [M]. 5 版. 北京：高等教育出版社，2020.

[5] 徐雅琴，姜建辉，王春. 有机化学实验 [M]. 2 版. 北京：化学工业出版社，2016.

[6] 赵剑英，胡艳芳，孙桂滨，等. 有机化学实验 [M]. 3 版. 北京：化学工业出版社，2017.

[7] 伍平凡，蔡定建. 有机化学实验 [M]. 武汉：华中科技大学出版社，2018.

[8] 李兆陇，阴金香，林天舒. 有机化学实验 [M]. 北京：清华大学出版社，2000.

[9] 初玉霞. 有机化学实验 [M]. 3 版. 北京：化学工业出版社，2013.

[10] 李妙葵. 大学有机化学实验 [M]. 上海：复旦大学出版社，2006.

[11] 刘大军，王媛，程红，等. 有机化学实验 [M]. 北京：清华大学出版社，2014.